生产力没有边界
在颠覆中不断地开辟和创造

质变

企业打造新质生产力路线图

蔺雷 吴易／著

人民邮电出版社

北京

图书在版编目（CIP）数据

质变：企业打造新质生产力路线图 / 蔺雷，吴易著.
北京：人民邮电出版社，2024. -- ISBN 978-7-115
-65279-9

Ⅰ. F279.2

中国国家版本馆 CIP 数据核字第 20241YG695 号

内 容 提 要

　　本书基于发展新质生产力的大背景，从企业层面入手，结合企业在推动新质生产力加快发展过程中的需求与困惑，阐述企业层面新质生产力的内涵；基于大量实际调研案例，提炼企业新质生产力的四类实现路径，构建一类符合新质生产力要求的微生态，从认知、战略、要素、方法等角度为企业家提供全面发展新质生产力的方案，助推企业突破"卡脖子"技术封锁、实现高端化升级和高质量发展。

　　本书旨在为企业提供借鉴与参考，适合企业高层管理者和对新质生产力感兴趣的广大读者阅读与参考。

◆ 著　　　　蔺 雷 吴 易

　责任编辑　杨 凌

　责任印制　马振武

◆ 人民邮电出版社出版发行　　北京市丰台区成寿寺路 11 号

　邮编　100164　电子邮件　315@ptpress.com.cn

　网址　https://www.ptpress.com.cn

涿州市殷润文化传播有限公司印刷

◆ 开本：720×960　1/16

　印张：12.25　　　　　　　　2024 年 12 月第 1 版

　字数：165 千字　　　　　　 2025 年 4 月河北第 2 次印刷

定价：59.80 元

读者服务热线：(010)81055410　印装质量热线：(010)81055316
反盗版热线：(010)81055315

序言

用质变，迎蜕变

——让新质生产力在企业扎根落地

当下，中国企业正经历百年未有之大变局。无论是全球政治经济环境的深刻变化、地缘政治冲突的加剧，还是科学技术的加速突破、全球科技创新合作的深度撕裂，以及无比激烈的行业内卷竞争和跨界颠覆，都让企业家陷入深度思考：传统的发展模式逐渐失效，未来之路究竟该怎么走？

越是困难迷茫之时，越需要强大的定力，越需要"用质变，迎蜕变"。

2023 年 9 月，习近平总书记在黑龙江考察时首次提出了"新质生产力"这一重要概念，而后在 2023 年中央经济工作会议上强调要"发展新质生产力"，为企业家提供了从生产力角度重构自身经营管理和发展模式的全新思路。

那么，企业家应当如何认识"新质生产力"这一重要概念？如何将新质生产力从一个宏观概念变为企业的落地行动，推动企业实现高质量发展？这就要求企业家必须做到两件事：一是理解企业层面新质生产力的内涵究竟是什么；二是找到适合自己的新质生产力实现路径。

新质生产力是一种强创新引发质变带来的生产力跃升。毫无疑问，这对企业来说意味着一种"蜕变"，首先是理念的蜕变，然后是行为的蜕变。对新质生产力内涵的深度理解，就是企业理念的蜕变；找到适合自己的新质生产力实现路径，就是企业行为的蜕变。

然而，要做到这两件事并不容易。在调研实践中，我们深刻感受到，中国的企业家迫切需要基于本土创新实践案例和经验提炼，迅速找到抓手，用非凡的企业家精神推动新质生产力与本企业产品业务融合。这种需求之强烈，大大超出我们的想象，就如一位来自长三角地区的企业家所说的，"希望自己在这场大变局中实现更好的蜕变，不被时代落下"。

恰恰是这样一句话，深深触动了我们，同时也让我们眼前一亮，开始思考能为企业家做点什么。

我们从 2001 年开始就一直跟踪研究国内企业的创新实践，每年都投入大量时间和精力去一线实地调研领先的单项冠军企业和隐形冠军企业，探究科技初创企业与巨型航母企业背后的发展规律，有了一定的积累和独立的判断，之前也撰写过 20 余部企业创新创业趋势与落地方面的专著。在新质生产力成为当下的热词之际，我们就在不断追问一个问题：为什么不能利用自身过往的积累和思考，撰写一本可以帮助企业家更快发展新质生产力的书呢？这本书中既要有我们自己的理论总结与分析框架，也要有大量来自一线的、能为企业提供有益借鉴的实操案例。

正是这样的初心，触发了我们撰写本书的冲动。我们很快达成一致，这本书必须写，而且要写得快！

说干就干，在数十年对企业创新跟踪研究积累的基础上，我们展开了进一步的深入调研。当然，企业发展新质生产力这个主题并不好写，因为既要有理论深度和案例支撑，又要大道至简、可落地操作，所以我们一边进行理论内涵的挖掘和研究，一边调研和分析实践案例，在每个周末、每个节假日都投入这本书的讨论和写作中，几乎没有休息和放松的时间。

全身心投入其中，我们既充满激情，亦备感责任重大。

本书的主书名"质变"，几乎是在一瞬间就定下来的。早年中学政治课本里讲"量变引起质变"这个既深刻又浅显的道理时，我们并不能完全理解。然而，在接触新质生产力的概念、探究企业落地的过程中，"质变"的形象一下变得无比清晰，也让这本书终于有了主心骨和灵魂。

功夫不负有心人，经过数月的奋战，《质变：企业打造新质生产力路线图》一书新鲜出炉。在这样一本兼具理论解读与实践操作的书中，我们强调"企业"和"企业家"的微观视角。这本书没有专门探讨新质生产力背后的宏观理论或宏大逻辑，而是紧紧抓住企业家能够理解、企业能够操作这两个"能够"，提出了我们对企业新质生产力在内涵解读和实现路径方面的观点。

第一，企业新质生产力有其明确边界，不可泛化。

企业新质生产力是企业通过强创新引发质变形成的一种先进的生产能力，"强创新""质变"和"先进的生产能力"是它的三个显著的内涵特点，一般的小改进、小创新或量变形成的传统生产能力并不在企业新质生产力的范畴内，所以企业切不可将新质生产力随意泛化。认清这一点，将有助于企业在进行新质生产力的资源配置和战略规划时更为合理、精准。

第二，企业新质生产力并不只是高新技术产业的专属。

企业新质生产力适用于三种场景：培育未来产业，推动战略性新兴产业发展，深度升级传统产业。这三种场景都需要科技创新的革命性突破、管理变革的强大赋能，以及新业态的深度融入，很多传统的农业、制造业、服务业企业都可以通过打造新质生产力实现深度转型和高端化升级。因此，在新质生产力面前，所有企业一律平等。认清这一点，有助于企业从企业竞争力提升、业务深度转型升级和未来发展方向的角度发展新质生产力。

第三，企业新质生产力的落地要抓住"三个三"。

企业新质生产力从初始激发到中间过程以及最终结果的全部关键动作可以概括为"三个三"，即"三驱"、"三劳"组合、"三效"评价。其中，"三驱"是指技术革命性突破、生产要素创新性配置、产业深度转型升级，企业发展新质生产力就是受这三个方面中的一个或几个激发的；"三劳"组合是指劳动者、劳动资料和劳动对象的优化组合及跃升，新质生产力就是通过"三劳"的优化组合来实现的；"三效"评价则是指对新质生产力结果进行的效率、效能、效益评价。从这三个方面进行评价，才能综合、客观地判断企业是否实现了全要素劳动生产率的显著提升和高质量发展目标。

第四，企业新质生产力可以通过"四步法"落地，判断质变点是关键。

"四步法"是指设定新质生产力标杆、判断企业质变点、确定企业生产力实现路径、评价优化迭代这四步，它们缺一不可，共同帮助企业发展新质生产力。其中，判断企业质变点是关键，准确找到质变点而非量变点，有助于企业集中优势资源，开展有针对性的工作，确保方向不跑偏。

第五，企业新质生产力有四类实现路径。

科技开辟型生产力路径、创新升级型生产力路径、深度赋能型生产力路径、管理变革型生产力路径，是企业新质生产力的四类实现路径。其中，科技开辟型生产力的要求最高、难度最大，包括无中生有的创造全新科技范式、另辟蹊径的开辟全新技术路线、发掘蓝海的拓展新领域新赛道；创新升级型生产力路径可以细分为打通创新链、研发新突破、工艺再变革和装备大升级；深度赋能型生产力路径包括数智深度赋能、绿色范式深度赋能和场景创新深度赋能；管理变革型生产力路径包括内创平台变革、强生态圈管理、全域精益管理和创新激励管理。不同的新质生产力实现路径有不同的适用条件，企业需要根据自身情况加以选择。

第六，企业新质生产力的落地要"因企制宜"，形成"技术－市场"闭环。

企业新质生产力的落地并非易事，受能力、资源、认知、生态等方面条件的约束，每家企业都要找到适合自身特点的实现路径，而不是盲目地一拥而上，更不可简单模仿。比如，多元化企业要考虑究竟从哪项业务切入培育新质生产力。此外，还必须强调，企业新质生产力的落地不是技术决定论，而必须有市场订单形成商业闭环，因此是典型的"技术－市场"闭环。

第七，企业新质生产力的落地必须依靠企业家创新精神。

企业家拥有创新精神，才能具备动力和能力，通过创造性的做法对劳动者、劳动资料、劳动对象进行优化组合，并在企业中引入具有革命性突破的科学技术，推动生产要素的创新性组合，实现产业的深度转型升级。因此，具有创新精神的企业家，是让新质生产力落地生根并最终开花结果的关键人物。

第八，企业新质生产力的落地应提前规避五类风险。

企业新质生产力的落地，必定会导致资源配置、组织形态、人才更替、竞争重点等发生深刻变化，给劳动者、劳动资料、劳动对象带来巨大的影响，对传统认知形成巨大的冲击，因此必须提前进行系统设计，降低甚至避免认知赶不上趟、行为脱离实际、内部人心不安、技术适配不当、经营安全隐患这五类风险带来的危害。

以上是对本书内容与核心观点的概述。当然，本书的最终完成，以及书中相关观点的打磨与输出，不是只靠我们两位作者，而是得到了众多企业和业内人士的支持、鼓励与帮助，在此向各方表示诚挚的谢意。

首先，我们要感谢企业家群体，尤其是本书中出现的案例企业。我们两位作者由于工作的原因，有机会接触并能够深入了解一些领先的企业和创新企业。我们尊重企业，我们敬畏实践，每次看到这些企业敢于创新、勇于突破，每次剖析这些鲜活、生动又极具震撼力的创造性做法时，内心总感觉充满了无限能量，这促使我们更好地去记录、提炼和总结。

其次，我们要感谢众多业内人士和朋友、家人的鼓励。相关领导、企业家对我们撰写此书给予了大力支持，提供了大量原始素材和鲜明的观点；业内朋友也给本书提供了很多真知灼见，让我们在写作过程中备受鼓舞；家人则在背后默默付出，给我们创造了最安心的写作条件，在此一并感谢。

再次，我们要感谢中国工信出版传媒集团人民邮电出版社。从集团领导、社领导到责任编辑，都对本书给予了大力支持，他们的信任让我们可以放手去写，他们的专业意见令本书增色良多。

最后，我们要感谢这个伟大的时代。能写"新质生产力"这样一个主题，不得不说是这个伟大时代给我们提供的宝贵机会，也是我们能为这个时代做出的最好贡献。写完这本书，我们自身也实现了一个巨大的蜕变。这是多么幸运的一件事，我们珍惜这样的机会，感恩这样的时代。

这本书是我们两位作者多年来对企业创新创业的经营管理和参与相关政策制定的工作经历、思考与实践的结晶。我俩已合作多年，在撰写每一本书的过程中，不断打磨自己、提升自己，持续吸收知识、试错纠偏。更高的视野，更宽的思维，更深的认知，更纯的初心，不正是一个人成长的最大收获吗？

当完成书稿的那一瞬间，我们心中长舒一口气，既兴奋激动，又心存遗憾。由于学识水平有限、认知仍有待提升，虽然我们前期进行了大量的理论探讨和实地调研，进行了几十次内部头脑风暴，书稿也经过多轮修改和优化，但仍存在不足之处有待完善，恳请各位读者不吝指正。

衷心祝愿本书能为无数创新拼搏、努力前行的企业家提供一点启发与思路，为企业的高质量发展添砖加瓦。哪怕是书中的一句话、一个案例，如果能给企业发展新质生产力的前路带去一丝亮光，我们都会感到欣慰无比。

用质变，迎蜕变！

蔺雷　吴易

2024 年 5 月 30 日于北京

目录

第七章 管理变革型生产力路径

　　——管理变革，使企业生产力倍增

第八章 让新质生产力行稳致远

　　——评价优化、规避风险，因企制宜推动新质生产力发展

第一章

巨变中的生产力机遇

——新质生产力，
给企业新的发展质点

百年未有之大变局，是当今企业发展的宏观基本面。大变局给企业带来的不只是环境冲击、技术变革和认知颠覆，还有生产力发展内涵与路径的巨变。如何重新定义产品、应用颠覆性技术、重构商业模式，是企业抓住新质生产力发展机遇必须回答的"灵魂三问"：回答得好，就能顺势而上、实现生产力跃升；回答不当，则会被历史无情淘汰。回答"灵魂三问"的实质，是企业要正确理解新质生产力的内涵，找准动力点，并一步步发展新质生产力。本章将针对这些问题给出清晰、简洁的回答，希望能为企业家们描绘一个关于新质生产力的整体样貌。

第一节　解码新质生产力：企业如何判断

2023 年 9 月，习近平总书记在黑龙江考察时第一次提出了"新质生产力"的概念，引发了企业家群体的密切关注。然而，要将这一概念在企业中具体落地，企业家们仍有很多困惑：企业怎样形成新质生产力？企业一般的创新和改进是新质生产力吗？如何判断哪些是传统生产力，哪些是新质生产力？

企业要形成新质生产力，首先要准确理解新质生产力的内涵，然后才能结合自身的战略布局和经营管理策略发展实施。为便于理解，先来看两个例子，一个是人造太阳，另一个是以 ChatGPT 和 Sora 为代表的生成式人工智能（AIGC）。

2024 年 4 月，韩国宣布了一条消息，其超导托卡马克先进研究装置（KSTAR）成功将等离子体环路加热至 1 亿摄氏度并维持了创纪录的 48 秒。通俗地说，就是韩国的人造太阳在实验室加热到 1 亿摄氏度的高温下持续了 48 秒。相比之下，中国的人造太阳——EAST（全超导托卡马克核聚变实验装置）的纪录是 403 秒，这是历经了 12 万多次实验方才达到的实验结果。不管韩国还是中国，都指向了一个很酷的未来产品，那就是——人造太阳。

什么是人造太阳呢？

简单来说，人造太阳就是模仿太阳内部的核聚变反应，利用可控核聚变技术造出一个"太阳"。从古至今，人类一直在寻找一种永不枯竭的清洁能源，人造太阳就是实现这个伟大理想的一种解决方案。这项技术模仿恒星内部能量的产生过程，通过在极大压强和极高温度下使氢原子聚合成氦原子，将物质转化为光和热，实现巨大的能量释放，同时不会产生温室气体或长寿命的放射性废料。这与传统核电站通过裂变方式释放能源的同时会产生放射性废料的技术路线完全不同。

虽然这项技术仍处于实验室阶段，离大规模商业化应用的终极目标还有很长的距离，但世界各国都在开展核聚变竞赛，科学家们 70 多年来一直都在尝试进行可控核聚变技术的试验。试想，如果能造出一个太阳来发电，就会带来源源不断的清洁能源，人类就有望实现能源自由，传统的水电、火电甚至太阳能光伏、风电、核电、地热电都可能被替代，现有的配电输电系统也可能获得根本性的改变，引起整条产业链、大量电网从业者的深度变革，实现能源生产力的极大飞跃。这种能够带来清洁且无限供应的电力生产力，就可以看作新质生产力，也是未来产业的一个重要方向。

这么来看，新质生产力有一个显著特点，就是会对传统生产力形成高度替代。当然，人造太阳离我们尚有一段距离，但另一项技术却让我们真切感受到了巨大的替代威力，这就是以 ChatGPT 和 Sora 为代表的通用人工智能技术。

2024 年初春的一个下午，一位设计公司的负责人跟我们讲了公司过去一个月的巨变。这位负责人因为要参加一个设计项目投标，于是用人工智能技术生成了一个设计方案，同时带上了手下 7 名优秀设计师的方案。不承想，最后人工智能的设计方案中标，其他人的设计方案折戟沉沙。回来之后，他就裁掉了公司 70% 的设计师，公司员工从原来的 100 人变成了 30 人，"传统设计师不是不好，但效率低，还不好管理，人工智能出图的效率高、质量好，还听话，我为什么不裁员呢"。

无独有偶，2024 年 Sora 横空出世，只需要简单输入一段需求描述，很快就能由人工智能生成一段符合要求的视频，这让人们纷纷惊叹，未来短视频和电影行业将被颠覆，原来需要耗费大量人力和时间精力制作视频的高壁垒瞬间被打破，设计生产力大大提升。通用人工智能正是在未来三五年内能看到巨大应用落地的战略性新兴产业的典型代表。

你有没有发现，无论是人造太阳，还是人工智能，都在将整个人类和社会发展引导到一个新的质变阶段，其背后就是新质生产力提供的强力支撑。

那么，作为企业家和管理者，应该怎么理解新质生产力的内涵呢？我们可以把新质生产力分解为"新""质""生产力"，从这三方面来理解。

新质生产力中的"新"是指强创新，而非一般的小创新、小改进。

什么是强创新？全新领域的创造、颠覆性技术的应用、发展模式的深度变革、企业的高端化转型升级等，就是强创新。一旦强创新出现，整个行业的形态和运行规则都会随之发生重大变化。比如，智能手机的出现，在短时间内让传统功能手机几近销声匿迹，并形成了全新的产业形态和发展模式，产生了过去几十年传统功能手机都不曾有过的便捷、稳定、超强的通信生产力。而传统功能手机尺寸的变化、功能的丰富、重量及厚度的变化，都只是小改进、小创新，不是强创新。

新质生产力中的"质"是指质变，而非量变或一般意义上的质量提高。

什么是质变？革命性技术的持续应用、创新模式的深度落地、生产要素的创新组合等，在累积突破一个阈值后，就会引起企业在生产方式、业务结构、产品性质、劳动者技能等方面的本质变化，要么从 0 到 1，要么从 1 到 100，这些都是质变的内涵。比如，人工智能和智能制造技术在企业中的持续渗透、迭代优化，会让制造业企业在制造流程、数据管理、产品结构、工人技能等方面发生根本性变化，从而形成智能化的新型工业形态。

新质生产力中的"生产力"是指先进的生产能力，而非传统的生产能力。

这里有两个关键点：一是先进性，二是生产能力。新质生产力的科技含量高、质量好、效能佳、低能耗可持续，是更先进的生产力。此外，生产能力的内涵广泛，不只包括传统的生产数量（产能），更是指企业的生产效率、效能、效益。先进的生产能力能带来企业的"提质降本增效"。

综上所述，企业可以将新质生产力理解为"通过强创新引发质变形成的先进生产能力"。凡是不符合强创新、质变和先进的生产能力这三个标准的生产力，就不能算作新质生产力，而只是传统生产力。为加深理解，下面通过一个电路巡检实例的对比分析，说明新质生产力与传统生产力的本质区别。

所谓电路巡检，是指为了确保电力系统正常运行，通过对电网线路和变电站的巡查、检测、维护和保养，及时发现和解决电力设备故障或安全隐患的活动。比如，春节前后，湖南和湖北两省很容易出现电线积冰的情况，必须及时清除冰块才能确保线路安全。以前电路巡检的主流方式是人工巡检，而如今无人机AI巡检已经逐步替代人工巡检。从人工巡检到无人机巡检，生产力究竟发生了什么变化？

不妨先看一家电力公司的巨变。

2024年3月，云南省首批621座变电站开始应用无人机AI巡检，这些变电站分布于16州（市）海拔500～3000米的地区，以往需要5小时的全套巡视任务，现在不到5分钟就能完成了，智能化运维累计节省支出1.8亿元。更重要的是，变电站的巡维、操作效率在应用无人机AI巡检后分别提高了33%、60%，班组的业务承载能力最多提高了82%，全要素劳动生产率的提高真不是一星半点。

传统的人工巡检由维检工人携带工具进行线路巡逻和检修，"跋山涉水、翻山越岭"是工作常态，效率低、精度差，工人体力消耗大；无人机AI巡检由工人携带无人机和人工智能操作系统进行控制以及数据传输与分析，"远程操控、数据决策"是主流操作，效率高、精度好，工人脑力消耗大。如果从生产力的角度分析，两者的区别如下。

一是科技含量不同。无人机 AI 巡检采用了大量高科技手段，包括自动导航技术、机载传感技术、大数据分析与处理技术等；而人工巡检主要依靠工人师傅的经验判断，科技含量低。

二是劳动者不同。无人机 AI 巡检工人是熟练掌握了无人机操作、大数据分析与处理的知识和技术型劳动者，多数是本科生甚至研究生，是一种新型劳动者；而人工巡检的劳动者是从事简单重复动作的传统工人。

三是劳动工具不同。无人机 AI 巡检工人凭借无人机、操控平台和分析软件等先进的工具手段对电力线路进行巡检，他们使用的是新型劳动工具；而人工巡检使用的是落后的传统专业工具。

四是劳动对象不同。无人机 AI 巡检不再凭借人工经验对变电站和线路进行分析决策，而是依靠计算机算法以及图像识别、深度学习等技术，对采集的数据进行复杂处理，劳动对象变为数据，相比人工巡检，是一种新型劳动对象。

五是生产能力不同。无人机 AI 巡检的效率和精度大幅度提升，相比人工巡检，巡检生产力暴涨。

这么来看，无人机 AI 巡检是一种通过强创新手段，使巡检工作形态发生了根本变化，最后大幅提升巡检效率、精度和产能的新质生产力。

也许有人会说，无人机 AI 巡检是一种服务，没有实体产出。那么，下面就让我们把目光移向实体领域，看看农业领域的新质生产力是什么样的。

这是一个关于种植番茄的故事。

我[注]一直喜欢种菜，已有十几年的种菜经历，但种植番茄的成果却很糟糕。2023 年夏天，我花了整整四个月时间，最后 6 棵粗壮的苗只结了半个番茄。之所以是半个番茄，是有一天下雨，几只蜗牛吃了另一半。

所以，我的生产力是 0.5，可以称之为原始生产力。

我有个朋友在北京郊区经营农场。农场的老师傅们会搭建半露天的塑料棚，

注：本章的"我"指代本书的第一作者——蔺雷。

采用滴灌技术，进行田间管理，所以番茄的产量较大。但这种种植方式依然受到温度、湿度、二氧化碳浓度、水肥和老师傅经验等各方面的影响，雨灾、虫害等问题难以根治。2023年夏天，北京40摄氏度以上的高温连续多日，紧接着又是多场暴雨，导致这个农场的番茄产量不稳定，口感和品质也不稳定，传统农业"靠天吃饭"的弊端没有克服。

这种由传统农场提供的生产力，可以称之为传统生产力。

下面来看一家具有超强产能和先进生产力的番茄种植企业。

凯盛浩丰是青岛一家现代设施农业企业，它最独特的地方在于配备了玻璃温室大棚、自主攻关的高端种苗，采用无土栽培、物联网控制等现代农业生产技术，不需要土地，只需要空间就能实现全年52周、每周7天不间断连续供应番茄，每天产量为25吨，而且它种植的番茄有我们小时候吃过的番茄的纯正味道。

凯盛浩丰所代表的生产力，就可以称为新质生产力。

那么，凯盛浩丰是如何做到这一点的呢？下面仍然从强创新、质变和先进的生产能力三个标准加以分析。农业靠天吃饭是几千年的传统，凯盛浩丰却在用科技手段颠覆这一传统。

首先，凯盛浩丰从澳大利亚引进了连栋玻璃温室技术，而非采用传统的塑料温室大棚，以此来精准控制番茄的生产过程。为了提高温室透光率，凯盛浩丰还与中建材玻璃新材料研究院合作，研制出了超白减反无影玻璃，不仅将温室的透光率提高了6%，还将射入的阳光均匀散射，避免局部高温和叶面灼伤，减少了番茄灰霉病的发生。

其次，凯盛浩丰引进了国际领先的水肥一体化设备、环控设备和RO反渗透净水设备，实现了雨水收集利用和水肥循环使用，与传统农业相比，节水率达95%以上。加上喷雾系统、新风系统、水肥一体化系统、二氧化碳补充系统、补光系统、地源热泵、天窗系统、幕布系统等，番茄生长的整个环境不再是传统农业"脏、累、差"的环境，而像一座五星级酒店，解决了传统塑料大棚环境不可控、植株土传病害、重金属超标、土地盐渍化等问题。

再次，我国农业被国外"卡脖子"的一个重要领域就是种子种苗。为解决番茄的种苗问题，凯盛浩丰建成了亚洲最大的双头双花智能育苗工厂和育种研究院，开展育苗技术攻关，突破了国际高端种苗"卡脖子"技术，可年产双头双花、三头三花大苗500万株以上，智慧玻璃温室内设置了846个传感器和1130个控制器，监控种苗的每日变化，实时采集数据，可以帮助种植端提前两周采收，产量提高5%以上，种子成本节省了50%～70%。

最后，凯盛浩丰利用数字化手段实施了番茄销售的O2O运营新模式，创造了数字化产能预测采摘方法，提前30天开始预测，到当天精准采摘，做到日产日销零库存，彻底解决了传统农业一到丰收季就出现供大于求、大量新鲜蔬菜水果烂在地里的问题。另外，凯盛浩丰还设立了针对高端、中端和低端的三类区隔化品牌，形成了全新的物流和销售模式。

通过突破农业生产的一系列核心技术，凯盛浩丰使番茄的传统生产方式和管理方法发生了巨变，公司位于青岛莱西的210亩智慧玻璃温室，虽然只有寥寥几个工人，但每天产出40多吨，产量是传统温室的6～8倍，产能和劳动生产率都有了巨大的提升，实现了高质量、高产量、高效率的目标。

这种通过产业深度转型升级形成的生产力，如果不是农业的新质生产力，那又会是什么呢？

劳动者、劳动资料和劳动对象正是生产力分析的三要素（以下简称"三劳"）。表1-1对我个人的原始生产力与凯盛浩丰的新质生产力的"三劳"进行了对比。

需要说明的是，任何企业在分析生产力时，都要进行"三劳"分析：一方面是要发现自己的不足；另一方面是要通过"新三劳"的升级、优化与组合，不断发展新质生产力。

表 1-1　我个人的原始生产力和凯盛浩丰的新质生产力对比

对比项	原始生产力（我个人）	新质生产力（凯盛浩丰）
劳动者	苦力、简单重复型劳动者	知识型、先进设备和人机结合型劳动者
劳动资料	锄头、铁锹、小铲子，水桶和自家接水管，农家有机肥	智慧玻璃温室，工业计算机控制系统，传感器，控制器，数字化运营系统，水肥一体化系统
劳动对象	网上购买的种子（不知品种和来历），无种植大数据	新型番茄种苗（技术攻关突破育种"卡脖子"难题，建成亚洲最大的智能育苗工厂，每年培育 500 万株以上），有种植大数据

更重要的是，表 1-1 给我们提供了一种很好地理解生产力演进的思路。从我个人的原始劳作，到传统农场的塑料大棚，再到凯盛浩丰的智慧玻璃温室，恰恰代表了生产力从 1.0 到 2.0，再到 3.0 的跃升。

在 1.0 阶段，像我这样的个体劳动者，通过使用传统农具、购买种子进行劳作，虽然乐趣无穷，但生产力着实低下。

在 2.0 阶段，像传统农场里的农民师傅们，借助一定的农业科学技术和田间管理方法，农产品的产量和品质明显提升，但仍不稳定。

在 3.0 阶段，像凯盛浩丰这样的现代农业企业，引入了革命性的信息技术、玻璃温室和无土栽培技术、新型管理方法，用知识型员工代替农民师傅，从田间劳作转向大数据采集分析处理，对各类农业生产要素实现了创新性配置，并实现了农业核心技术的突破和农业生产高端化的升级，全要素生产率大幅提升。

按照习近平总书记在 2024 年 1 月中央政治局集体学习中对新质生产力内涵的阐释，我们可以总结出生产力从 1.0 到 3.0 各阶段的公式。

生产力 1.0 = 劳动者 + 劳动资料 + 劳动对象

生产力 2.0 = 科学技术 ×（劳动者 + 劳动资料 + 劳动对象 + 生产管理）

生产力 3.0 =（技术革命性突破 + 生产要素创新性配置 + 产业深度转型升级）×（劳动者 + 劳动资料 + 劳动对象）优化组合

任何企业的生产力，无论是哪种形态、处于哪个阶段，都包含在上面三个公式中。事实上，与凯盛浩丰一样，每家企业在当今科技极速发展、市场变幻莫测的时代都要回答"灵魂三问"。

一问：如何重新定义产品？

二问：如何应用颠覆性技术？

三问：如何重构商业模式？

凯盛浩丰用打造新质生产力的方式，回答了"灵魂三问"，成功提升了企业的竞争力。一旦企业按照传统的生产力发展模式，通过大规模增加人力、占用更多土地、投入更多资本、消耗更多能源的简单扩大再生产方式，最终只会走上高能耗、低产出、低效能、低效益、缺乏竞争力的死路。

当然，还必须说明，新质生产力是"相对的"而非绝对的。比如，早期的会议速记员采用人工速记的方式，效率虽然较普通人记录的要高，但准确率较低、收费高昂；后来出现了录音笔，成本较低，人们可以反复听取，但问题是不能自动转换成文字；再后来又出现了智能录音笔，可以在录音的同时即时转换成文字，但无法区分不同人说的话；如今又出现了像飞书妙记这样的专业 App，不仅可以在录音的同时将声音转换成文字，还可以识别出不同的音源，在录音结束后进行智能化编辑，标出每个人的发言内容，关键是几近免费。

此外，新质生产力与传统生产力之间并非 0 或 1 的选择、非黑即白的关系，而是形成了"替代－并存－升级"的关系。一方面，传统生产力大部分被替代；另一方面，传统生产力与新质生产力长期共存，有一部分传统生产力还会升级。比如 2024 年诺基亚推出了一款手机——全新诺基亚 3210 4G，这款手机不是智能手机，只是传统功能手机的升级版。为什么诺基亚会推出这样的老式手机呢？因为始终有一批人，尤其是老年人，他们更喜欢使用传统功能手机。

上面介绍了这么多例子，无论是人造太阳、人工智能，还是无人机 AI 巡检或凯盛浩丰的现代农业，它们都向企业家和管理者传递了一个明确的信息：企业要打造新质生产力，首先必须在头脑中建立一个清晰的判断标准：强创新＋质变＋先进的生产能力，这三个标准缺一不可。只有这样，才能构成真正的新质生产力，而不至于把一般小创新的生产力提升与新质生产力搞混淆。

搞清楚了判断标准，我们再回到习近平总书记在 2024 年 1 月中央政治局集体学习中对新质生产力内涵的阐释：新质生产力是创新起主导作用，摆脱传统经济增长方式、生产力发展路径，具有高科技、高效能、高质量特征，符合新发展理念的先进生产力质态。它由技术革命性突破、生产要素创新性配置、产业深度转型升级而催生，以劳动者、劳动资料、劳动对象及其优化组合的跃升为基本内涵，以全要素劳动生产率大幅提升为核心标志，特点是创新，关键在质优，本质是先进生产力。

这段定义的核心要义告诉我们，新质生产力前端有催生的动力机制，中间有"新三劳"的优化组合过程，最后有明显的结果标志，因此新质生产力可以从"催生 – 过程 – 结果"三方面来理解，如图 1-1 所示。

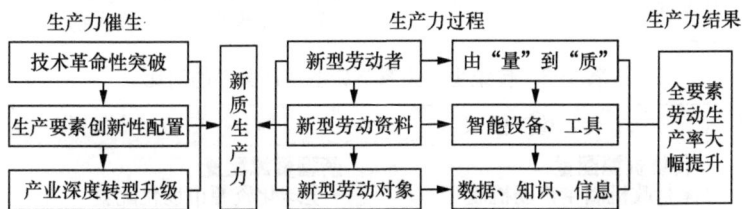

图 1-1　企业新质生产力的"催生 – 过程 – 结果"示意

我们不妨比较一下传统生产力与新质生产力在"三劳"方面，以及传统生产关系与新型生产关系的重要区别，具体见表 1-2 和表 1-3。

表 1-2　传统生产力与新质生产力的"三劳"对比

对比项	传统生产力	新质生产力
劳动者	**以简单重复型劳动为主的普通技术工人** • 创新意识有限的传统企业家 • 职业经理人和一般工程师 • 普通技术工人和一般生产人员 • 其他辅助人员	**人机一体的新型劳动者** • 适应现代高端先进设备、具有知识快速迭代能力的高素质新型人才 • 战略企业家和价值型科学家 • 知识技术应用型人才、活力极强的内部创业者 • 人机结合的新型劳动者（实体机器人、虚拟智人、数字人等）

对比项		传统生产力	新质生产力
劳动资料	劳动工具	**传统劳动工具** • 传统制造技术 • 传统生产装备与生产线 • 传统研发手段	**智慧互动的新型劳动工具** • 先进制造技术、绿色制造技术 • 工业互联网、人工智能、工业软件与数字化仿真设计软件 • 虚拟现实和增强现实设备、智能体 • 高度自动化、智能化的制造装备生产线
	基础设施	**传统基础设施** • 土地、道路、运河 • 建筑物、厂房、机器、仓库、设备 • 传统互联网	**底层突破的新型基础设施** • 大科学装置 • 算力基础设施 • 新能源基础设施（光伏、风电、醇氢、可控核聚变等设施） • 新型通信基础设施（量子通信基础设施等）
劳动对象		**传统劳动对象** • 自然物质 • 加工后的物质（半成品、中间品）	**数实共生的新型劳动对象** • 数字虚拟空间、大数据、信息 • 深海、深地、深空 • 新型原材料、新型能源等，战略性新兴产业／未来产业的投入物

表 1-3　传统生产关系与新型生产关系的对比

对比项	传统生产关系	新型生产关系
资源配置	**传统资源配置** • 行政机制＋市场机制 • 区域／本地配置 • 传统人工配置 • 一元产权	**新型资源配置** • 全球化资源市场化配置 • 开放创新配置 • 智能化配置 • 多元产权、混合所有制、公有制企业
劳动关系	**传统劳动关系** • 雇佣关系 • 传统金字塔组织 • 等级分明，边界森严	**新型劳动关系** • 合伙关系 • 共创共享关系 • 扁平化组织
产品分配	**传统产品分配** • 按劳分配	**新型产品分配** • 按知识和价值创造分配
外部关系	**传统外部关系** • 产业链上下游交易关系 • 短期关系	**新型外部关系** • 产业生态共生互嵌关系 • 长期关系
企业文化	**传统企业文化** • 交易型文化 • 威权式文化 • 管制式文化	**新型企业文化** • 试错文化 • 以人为本的参与式文化 • 宽容文化

资料来源：作者研究梳理提出（2024）。

第二节 新质生产力从哪儿来：三大催生因素

搞清楚了判断标准，下一个问题就是，企业的新质生产力从哪儿来？换言之，新质生产力通过什么方式或手段被激发出来？

实际上，企业的新质生产力绝非传统生产力的局部优化，而是由技术革命性突破、生产要素创新性配置以及产业深度转型升级三者催生的，遵循"技术突破－要素配置－产业升级"的生产力演进机制。

因素一：技术革命性突破，是新质生产力的根本动力。

当尖端的科技成果与企业的实际需求相结合时，能够激发出前所未有的创新火花，实现生产力的大幅提升。这里所说的技术革命性突破，不是对现有技术或产品的简单改进，而是通过全新的理念和技术手段，实现产品从内到外的根本性改变和整体性跃升。这类技术突破具有以下特点。

首先，卓越的创新性。这种创新并非只是停留在表面上的简单修补，而是对传统技术的颠覆和挑战，打破了原有技术的束缚和壁垒，以一种全新的视角和思路提出技术解决方案。

其次，强大的引领性。它不仅仅是一项技术的革新，更是把握前沿趋势、引领行业发展的风向标，可以带动更多的企业和个人加入创新行列，共同推动整个行业向更高层次、更广阔领域迈进。

最后，广泛的普及性。随着技术的不断成熟和成本的逐步降低，这类技术不再只是少数顶尖企业的专利，而是走出实验室，推广普及到更多企业和领域，带来生产效率的大幅提高、产品质量的显著提升以及用户体验的极大改善，成为推动整个行业发展的强大动力。

比如，人工智能、5G 等技术就具有上述特点。深度学习、神经网络和量子技术的理论突破大幅提升了人工智能的机器学习效率与数据处理能力。在某些特定领域，人工智能已经超越了人类的能力。在棋类游戏中，人工智能能够通过大量的模拟和计算，找到最优策略，从而战胜人类顶尖棋手。在医学诊断、金融预测等领域，人工智能的准确性和效率也超过了人类。5G 技术显著提升了数据传输的速率，降低了网络时延，并支持大规模设备连接。这些特性使得 5G 能够满足高清视频、虚拟现实、大数据传输等大带宽、低时延的应用需求，从而为用户带来更加流畅、高效的通信体验。在医疗领域，5G 的高速连接和低时延推动了远程医疗的发展；在教育领域，5G 技术带来了虚拟现实教学和远程在线教育等全新的教学模式。

当然，技术突破并非孤立存在，需要与其他生产要素相互融合，才能催生出真正的新质生产力。这就是生产要素创新性配置。

因素二：生产要素创新性配置，是新质生产力的基石。

什么是生产要素创新性配置？所谓"生产要素"，涵盖了劳动力、资本、土地以及日益兴起的数据资源等，是构建新质生产力的基石；所谓"创新性配置"，则是指对这些要素进行巧妙的排列组合，使其以全新方式相互作用，从而释放出巨大的能量。

想象一下，劳动力不再局限于传统的简单体力投入，也不再是流水线上的机械重复劳动者，而是被赋予了更多的知识和技能、拥有独立思考和创新能力的高素质人群。资本不再追求短期利润，更多地被引导至科技创新领域，追求长期价值的创造。土地资源的利用更加集约高效，更加符合产业发展的需求。数据资源的共享利用则具有重要价值，通过对海量数据的挖掘和分析，人们可以获取有用的信息和知识，为决策提供科学依据，促进不同产业之间的融合和发展。生产要素经过创新性配置后，将以一种前所未有的方式协同工作，推动资源的高效利用和最佳产出。

因素三：产业深度转型升级，是新质生产力的核心载体。

产业深度转型升级对催生新质生产力同样至关重要。产业是生产力的重要载体，其深度转型升级主要体现在一个产业或企业从一种形态向另一种形态的深刻转变。这种转变并非一蹴而就，而是涉及多个层面的深刻变革。

首先，是产品结构的转型升级，包括产品的更新换代，从传统的低附加值产品向高附加值、高技术含量的产品转变。同时，也包括通过拓展产业链，实现产品附加值的最大化，提高产品的市场竞争力。

其次，是技术结构的转型升级，包括通过引入新技术、新工艺，提高生产效率和产品质量，通过自主研发或引进－消化－吸收－再创新，推动产业向高端、高效方向发展。比如，某汽车企业引入了先进的自动化生产线和机器人技术，实现了汽车制造的智能化。这不仅大幅提高了生产效率，还降低了生产成本和人为错误率。

再次，是管理模式的变革优化。企业通过优化管理流程、提高管理效率，从粗放型管理向集约型管理转变，不仅能够提质降本增效，更能提升企业运营的灵活性和适应性。

最后，是市场结构的深度调整，包括从依赖传统市场向开拓新市场转变，从单一市场向多元化市场转变。通过拓展市场领域，可以提高市场占有率，增强产业的抗风险能力和可持续发展能力。

下面以比亚迪公司为例，分析上述三大因素是如何催生新质生产力的。

在技术革命性突破方面，比亚迪公司凭借其前瞻性的视野和不懈的创新精神，不断在新能源汽车技术领域取得重大突破。

首先，电池技术是新能源汽车的核心竞争力之一。比亚迪公司研发的刀片电池技术不仅在能量密度上取得了显著提升，使新能源汽车的续航里程得到了很大程度的升高，而且在安全性上也表现卓越，有效避免了电池起火、爆炸等安全隐患。这一技术的突破，为比亚迪新能源汽车在市场上赢得了良好的口碑。

其次，电机、电控等核心部件的技术创新，也是比亚迪公司的重要支撑。在电机方面，比亚迪公司通过优化电机结构、提高电机效率等措施，使新能源汽车的动力性能得到了大幅提升。在电控方面，比亚迪公司通过引入先进的控制系统和算法，实现了对车辆动力、制动、转向等系统的精准控制，进一步提升了新能源汽车的操控性和安全性。

此外，智能驾驶和车联网技术的融合应用，更是比亚迪公司技术方面的点睛之笔。通过引入智能驾驶技术，比亚迪新能源汽车实现了对车辆行驶状态的实时监控和智能决策，有效提高了行车安全性和驾驶舒适性。车联网技术的应用则使新能源汽车与外部环境实现了无缝对接，为车辆提供了更加丰富、便捷的信息服务。这些技术的融合应用不仅提高了车辆的智能化水平，也拓展了新能源汽车的应用场景和潜力。

在生产要素创新性配置方面，比亚迪公司展现出了前瞻性和创新性。比亚迪公司高度重视人才的培养和引进，通过校企合作、人才引进等策略，吸引和培养了多批优秀人才，为比亚迪新能源汽车的研发和生产提供了源源不断的知识型、技术型的新型劳动者。比亚迪公司建立了新能源汽车大数据系统，包括公司内部产品设计、生产、运行、售后、舆情全生命周期的数据，通过大数据系统可以实现"做更懂用户的车"的目标，全面了解用户的驾驶习惯，产品定位更加精准，数据成为生产要素创新性配置中最突出的部分。此外，比亚迪公司注重金融资源的优化配置，从2014年就开始着手推动包括保险、汽车金融、融资租赁和私募股权等在内的金融全链条布局。

在产业深度转型升级方面，比亚迪公司不断拓展产品线。产品谱系持续升级，已覆盖乘用车、客车和货车，从家用到豪华、从大众到个性化的全产品系列，从原来的低端车品牌形象开始升级进入中高端车行列。

此外，比亚迪公司垂直整合新能源汽车产业链，从中游业务——电池起家，向上、向下双向开拓，投资上游锂矿，向下拓展汽车、新能源储能及电子加工等不同领域，凭借自身积累的制造经验，向汽车相关智能化零部件及上游绝缘栅双极型晶体管（IGBT）等半导体领域拓展，最终形成整体覆盖的成熟配套体系，基本实现了新能源汽车产业链全覆盖，形成了产业链的完整闭环，产业链协同效应显著。

与此同时，比亚迪公司不仅注重产业链的整合，还积极探索与其他产业（如互联网、物联网、大数据等）的融合，为新能源汽车的智能化、网络化发展提供了有力支持。比亚迪公司积极探索新的商业模式和市场渠道，通过进军共享出行、网约车等新兴领域，不仅为消费者提供了更加便捷、经济的出行方式，也为自身带来了新的增长点。同时，比亚迪公司还注重与国际市场的接轨，通过参与国际竞争和合作，不断提升自身的品牌影响力和市场竞争力。比亚迪公司通过全产业链的整合和全球化的战略布局，为其新能源汽车的未来发展奠定了坚实的基础。

在比亚迪公司发展新质生产力的三大催生因素中，核心技术的突破是底层根基，它带动了大数据和新型劳动者等要素的重新组合与优化，最终实现产品从低端向高端的升级和产业链韧性的显著增强。

由此可见，新质生产力的三大催生因素都对企业发展新质生产力有重要影响，但三者并非完全割裂，而是相互依存、互相促进。技术革命性突破为后两者提供了驱动力和可能性，生产要素创新性配置和产业深度转型升级则是技术革命性突破的具体应用和实践，三者共同作用，推动企业新质生产力的发展。

第三节　企业发展新质生产力："四步法"（BPPA）模型

说一千道一万，企业要发展新质生产力，必须有可落地、可操作的方法和路径。本节基于大量案例的调研观察，总结提炼了企业发展新质生产力的"四步法"（BPPA）模型。

"四步法"（BPPA）模型要求企业遵循四个关键步骤形成新质生产力：设定新质生产力标杆（Benchmark）→判断企业质变点（Point）→确定新质生产力

实现路径（Path）→评价优化（Appraise），如图1-2所示。

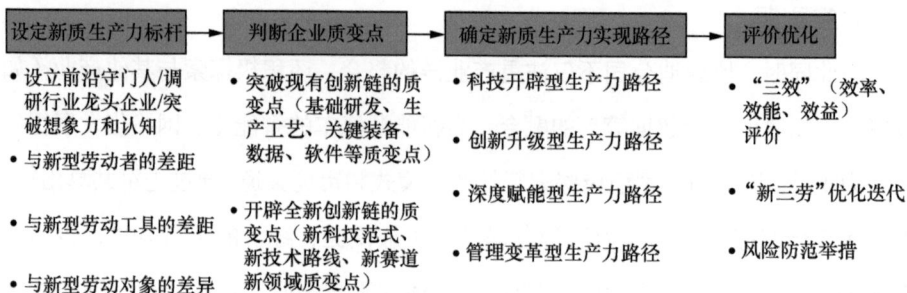

设定新质生产力标杆	判断企业质变点	确定新质生产力实现路径	评价优化
• 设立前沿守门人/调研行业龙头企业/突破想象力和认知	• 突破现有创新链的质变点（基础研发、生产工艺、关键装备、数据、软件等质变点）	• 科技开辟型生产力路径	• "三效"（效率、效能、效益）评价
• 与新型劳动者的差距		• 创新升级型生产力路径	
• 与新型劳动工具的差距	• 开辟全新创新链的质变点（新科技范式、新技术路线、新赛道新领域质变点）	• 深度赋能型生产力路径	• "新三劳"优化迭代
• 与新型劳动对象的差异		• 管理变革型生产力路径	• 风险防范举措

图1-2　企业发展新质生产力的"四步法"（BPPA）模型

第一步：设定新质生产力标杆。

企业形成新质生产力的前提，是先搞清楚自己想要达到的新质生产力目标。企业是布局5～10年的未来产业，还是培育3～5年的新兴产业，或者推动传统业务的深度转型升级。不论是哪种，都要设定清晰的新质生产力标杆。

那么，企业如何设定清晰的新质生产力标杆？有几种方法，此处只简略介绍内容，第三章会详细阐述。

一是通过设立前沿守门人（也称技术守门人或创新守门人）的方式，确立新质生产力目标。前沿守门人专门搜集行业的前沿动态、最新科技发展趋势、面向未来的情报信息，企业基于这些信息确立要达到的目标，设定新质生产力标杆。

二是通过调研全球领先的行业龙头企业，确立自己的新质生产力目标，比如将行业内的全球高端产品作为自己的目标，实现从价值链低端向高端的跃升。

三是通过突破想象力和认知等方法确立新质生产力目标。比如，企业发现在行业中通过某种革命性的技术创新可以大幅降低产品的生产成本，但同行企业从来不敢这么想，或者想了也不敢干，那么就可以将其确立为自己的新质生产力目标。特斯拉公司敢于对产品进行大幅降价的背后是因为其有很强的成本控制力，核心在于其研发出了颠覆业内传统认知的汽车一体铸造成型技术，使生产制造成本相较传统汽车的分体铸造成型的成本降低了 30% 以上。

设定了新质生产力标杆后，企业与新质生产力目标尚有一定的差距，所以要对自己的生产力现状进行诊断分析，做到明确差距、心中有数。这就可以从生产力三要素〔劳动者、劳动资料（劳动工具和基础设施）和劳动对象〕入手进行比较。因此，企业诊断分析自身生产力的关键是对"新三劳"和"三劳"进行比较。例如，分析企业是以使用"人海战术"的传统低技能工人群体为主，还是以技术知识应用劳动者或创新人才群体为主，差距有多大，未来是否有人机结合或数字人的应用需求；再比如，分析企业的技术手段和科技水平高低，判断数字化和人工智能技术在本企业的应用程度等，是否采用了智慧互动的新型劳动资料，是否更新了数实共生的新型劳动对象，等等。

第二步：判断企业质变点。

在确立新质生产力目标、分析"三劳"现状差距后，企业必须找到实现目标要突破的质变点。所谓质变点，就是一旦突破就能让企业实现生产力跃升的关键点。企业在提升生产力的过程中会发现有很多卡点、堵点或痛点，但其中大多数不是质变点，而是量变点，通过一般的创新方法就能解决问题，只有极少数几个是质变点。比如，调研中，我们遇到过一家企业，它将产品的高端化升级作为新质生产力目标，通过分析发现关键瓶颈不是卡在研发环节上，而是卡在大规模量产的工艺装备上。一旦工艺装备实现了突破，就能推动企业的高端化升级，生产力也将大幅提升，这个点就是质变点。

不同企业寻找质变点的方法各不相同，我们为企业家们提供了一种通用的做法，那就是从创新链入手寻找质变点。具体来说有两种思路：一是在现有创新链的各个环节中寻找可以突破的质变点，它可能是研发质变点、材料质变点、数据质变点、工艺质变点、软件质变点，等等；二是开辟全新创新链的质变点，这可能是创造全新的技术范式，开辟一条新的技术路线，或拓展新的领域、赛道。

不论是哪个点，只要实现了突破，就会引发企业生产力的大幅跃升，使企业迈上一个新台阶。

第三步: 确定新质生产力实现路径。

根据企业确立的新质生产力目标以及找到的质变点，可以归纳出企业常采用的四条新质生产力实现路径。

路径 1: 科技开辟型生产力路径。

路径 2: 创新升级型生产力路径。

路径 3: 深度赋能型生产力路径。

路径 4: 管理变革型生产力路径。

需要说明的是，每条新质生产力实现路径的背后，都有着更为具体的落地方法。以深度赋能型生产力路径为例，通过调研我们发现，企业通过深度赋能提升生产力的方式，既有数智深度赋能，也有绿色范式深度赋能，还有场景创新深度赋能，每种赋能都会让企业突破质变点，推动生产力和竞争力的大幅跃升。第四章至第七章将分别针对这四类新质生产力实现路径的具体方法，通过典型企业案例分析加以详细阐述。

第四步: 评价优化。

企业在确定了新质生产力的具体实现路径后，结合"三劳"分析发现自身的不足和短板，下一步就是要对其进行改造和优化，引入"新三劳"资源，使企业基于新型劳动者、新型劳动资料和新型劳动对象的新组合产生化学反应，突破质变点。同时，在完成一个循环后，企业需要对新质生产力的"三效"（效率、效益和效能）进行评价和反馈，进而对实现方式、"新三劳"组合进行调整和优化，通过迭代不断修正新质生产力的实现过程。

以上就是本书提出的"四步法"（BPPA）模型的内涵。需要指出的是，"四步法"（BPPA）模型是基于大量企业案例提炼出来的经验模型，企业在实践过程中不必生搬硬套，而要结合自身情况加以应用。这里强调一点，找到质变点、分析企业的"三劳"现状、进行"三劳"的改造、确定具体的实现路径，是必不可少的关键步骤。

"四步法"（BPPA）模型解决的是"法"和"术"层面的问题，企业在做任何一个关于新质生产力的动作之前，都有必要问问自己关于"道"的问题：企业的新质生产力究竟有什么特点？其目标是什么？企业必须注意哪些方面？毕竟，新质生产力主要是从宏观的社会生产力层面提出来的。要将这样一个宏观的社会生产力概念落实到企业，必须搞清楚其边界和内涵。

具体来说，企业层面的新质生产力有以下几个显著特点。

第一，企业的新质生产力是"因企制宜"的。

每个企业面临的情况不同，发展新质生产力亦无定式。每个企业都要找到自己的质变点，寻找适合自己的新质生产力实现路径，即便同一行业中的不同企业亦有很大差异，不可简单照搬模仿。

第二，企业的新质生产力受资源约束。

新质生产力需要企业具备相应的能力和资源，而每个企业都有自己的能力边界和资源约束。丰富自己的资源和增强自己的能力内功，是企业发展新质生产力的关键基础。

第三，企业的新质生产力是由企业家创新精神创造的。

劳动者、劳动工具和劳动对象，离不开企业家精神，需要通过创造性思维、创新性组合、创业型落地最终变为新质生产力。无论是外部的科技、资金和市场资源获取，还是内部的各种运营和管理，都要靠企业家实现。

第四，必须找准质变点发展企业的新质生产力，才能事半功倍。

企业通常会有多个堵点、卡点或痛点，但很多是量变点而非质变点。企业必须找到会引起质变的那个关键点，一旦找错，就有可能出现"勤劳的双脚奔跑在错误的道路上"的情况，或产生事倍功半的效果。

本章旨在告诉企业家一条法则，理解新质生产力必须抓住"三个三"。一是"三驱"，即新质生产力背后有三大催生因素——技术革命性突破、生产要素创新性配置、产业深度转型升级，企业可以对号入座找准自己的定位。二是"三劳"，即马克思生产力学说中的劳动力、劳动工具、劳动对象，企业必须对"三劳"进行各自升级再优化组合，形成"新三劳"。三是"三效"，即从效率、效能、效益三个方面对新质生产力进行评价，最终实现企业全要素劳动生产率的大幅提升。

第二章
用"新三劳"重新
认识自己

——颠覆传统"三劳",

重塑企业认知

劳动者、劳动资料、劳动对象是传统的生产力分析三要素，企业用它们来分析自己，可以把优劣势看得异常清晰。面对发展新质生产力的需求，企业必须掌握一种有效的劳动力工具来分析自己，这就是"新三劳"工具。所谓"新三劳"，就是相对于传统生产力的新型劳动者、新型劳动资料、新型劳动对象。现实中，能把"新三劳"糅合在一起形成真正生产力的，是那些具有高度创造性、极度创新性和极富落地力的企业家。本章基于案例分析，为企业管理者阐述"新三劳"的内涵，包括人机一体的新型劳动者、智慧互动的新型劳动资料、数实共生的新型劳动对象，重点探讨企业家精神在实现"新三劳"组合优化、形成新质生产力中的独特体现方式与无限可能。

第一节　人机一体的新型劳动者

所谓劳动者，就是由谁来改造。

在漫长的人类生产活动中，劳动者是最具主观能动性的因素，他们通过不断改进升级劳动资料、持续拓展劳动对象，推动着社会生产力的进步。科技的飞速发展和社会结构的深刻变革，使传统的常规劳动逐步被创新型劳动所取代，实物型劳动也向着信息化、智能化劳动迈进。这一转变不仅要求劳动者掌握新的劳动资料、工具和形式，更对劳动者的综合素质提出了高要求。在这样的背景下，新型劳动者应运而生，他们代表着现代劳动力发展的新趋势，是创造新质生产力的关键力量。那么，到底什么样的劳动者属于新型劳动者呢？企业中最需要哪些新型劳动者呢？

不同于传统以简单重复型劳动为主的普通技术工人，新型劳动者不仅具备深厚的专业知识和技能，更是在学习和创造方面远远强于普通劳动者，是新质生产力中最活跃、最具主观能动性的先锋力量。他们勇于挑战旧有模式，不断探索未知领域，引领着生产力的革新与飞跃。新型劳动者的素质模型可以用包含学习力、创造力和实践力的"三力"模型表示（如图2-1所示）。其中，学

习力是基础，创造力是核心，实践力是关
键，三者共同构成了新型劳动者的主要能
力和素质。

**首先，新型劳动者必须具备与时俱进
的学习力。**

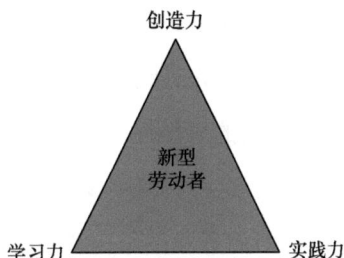

图 2-1　新型劳动者的"三力"模型

传统劳动者凭借多年耕耘，积累了丰
富的经验和技能，可以实现"一招鲜，吃遍天"。然而，随着科技的快速发展，
劳动者需要不断更新、提高自己的技能，不仅要掌握传统的职业技能，更重要
的是要能适应数字化、智能化的现代工作环境，熟练掌握并运用先进的技术工具
和设备，包括复杂的机械设备和高精尖的软件系统，"一招鲜"的时代一去不复返。
这就要求劳动者善于利用各种学习资源，如网络课程、学术研讨会、专业图书
等，不断丰富自己的知识体系。同时，新型劳动者还要具备自我驱动的学习能力，
能够主动发现问题、解决问题，不断提升自己的专业素养。例如，在人工智能
领域，新型劳动者需要不断学习新的算法、技术和应用场景，以便更好地应对
市场变化和客户需求。

其次，新型劳动者必须拥有应对复杂场景的创造力。

新型劳动者所处的环境日益复杂、多变，只有拥有更强的创造力，才能快
速适应复杂多变的场景。这种创造力主要体现在以下方面：思维上具有高度灵活
性和创新性，能打破传统思维的束缚，找到关键点和解决方案；善于跨界整合资
源，将不同领域的知识和技能融合起来，创造出全新的产品和服务，也能够有
效整合人力、物力、财力等各种资源，实现创意的落地和商业化。

例如，在人工智能的发展过程中，常常会遇到各种复杂的技术难题和应用
场景。面对这些挑战，新型劳动者需要通过深入研究算法、优化模型、调试参
数等方式，不断提升人工智能系统的性能。同时，还要根据实际应用场景的需求，
设计出具有针对性的解决方案，使人工智能系统更加贴近用户需求，提供更加

智能化、个性化的服务。

又如，在先进制造领域，一些新型劳动者注意到了传统制造方法在复杂结构制造方面的局限性，于是开始研究 3D 打印技术，成功研发了一种新型的 3D 打印材料。这种材料不仅具有优异的物理性能，还能够适应更广泛的打印工艺。通过对 3D 打印机的结构和控制系统进行优化，还可以使打印过程更加稳定、高效。这些新型劳动者的努力，推动 3D 打印技术成功应用于更广泛的领域，如航空航天、汽车制造等。

最后，新型劳动者必须具备快速转化的实践力。

理论知识是新型劳动者工作的基础，但仅停留在理论层面是远远不够的，需要将研究成果快速转化落地，才能形成实实在在的新质生产力。例如，振华港机有一位工程师所学并非港口机械专业，但凭借自己的勤奋和坚持，逐渐在该领域崭露头角。在研发过程中，他敢于挑战传统思维、尝试新技术和新方法，由他主持研发的 3E 级超大型岸桥突破了传统超巴拿马岸桥的限制，具有更大的外伸距和起升高度，能够满足当时全球最长、最宽、最高的集装箱船的装卸要求。这种新型劳动者不仅具有深厚的专业知识和技能，还具有强烈的实践精神，把研究成果创造性地用于解决实际问题，正是企业发展新质生产力最需要的那种人。

根据在发展新质生产力过程中扮演的角色和发挥的作用，新型劳动者可以分为以下六种类型。

使命型企业家。这是企业新质生产力中的灵魂人物，他们不仅追求企业的经济效益，还有超越财富的更高追求，以经营企业为终身职业，以将企业做大、做强、做长久为人生目标，甚至以推动社会进步和创造社会价值为己任。这类企业家通常具备远大的志向和坚定的信念，能够及时洞察市场最新趋势，准确把握社会深层次需求，为企业制定科学、合理的战略规划，推动企业不断适应市场的变化和发展的需求，保持持续的竞争力和创新力。以埃隆·马斯克为例，他不仅是特斯拉公司和 SpaceX 公司的创始人，还是一位典型的使命型企业家。

马斯克坚信可持续能源和太空探索是未来发展的重要方向，因此投入巨资研发电动汽车和可回收火箭，取得了巨大的商业成功，推动清洁能源和太空探索技术的进步。

领军型科学家。这是企业新质生产力中的主导力量，他们具备深厚的学术背景和卓越的创新能力，能够在新兴前沿领域取得原创性、颠覆性的成果。这类科学家通常具备跨学科的知识结构，能够融合不同领域的知识和技术，提出新颖的科学假说或技术方案，并有能力将创新理念转化为实际的科技成果。领军型科学家往往是一个创新团队的组织者和领导者，能够有效地凝聚与整合科技人才队伍的力量。比如，王坚院士作为阿里巴巴集团重要的科学家，凭借其深厚的专业理论知识和丰富的实践经验，在云计算领域取得了卓越的成就。在他的带领下，阿里巴巴集团汇聚了一批优秀的科技人才，成功研发了云计算平台"飞天"，这是我国首个自主研发的云操作系统，极大地推动了我国云计算产业的发展，并在全球范围内产生了深远影响。

创造型管理者。这是企业新质生产力中的中坚力量。传统意义上的管理强调按部就班，只要按规定办事、不出问题，就是一个合格的管理者。而新质生产力不仅代表着技术的革新，更意味着生产效率的提升、管理模式的升级。这就要求管理者发挥创造力，让日常工作变得更有成效。他们不仅要敏锐捕捉新技术、新模式的变革趋势，还要有能力将这些变革转化为企业的实际竞争力。因此，管理者应该具备强大的组织能力和协调能力，营造有利于员工发挥创造力的工作环境，确保新技术、新模式的顺利引入和实施。比如，海尔集团创始人张瑞敏不仅是一位使命型企业家，也是一个创造型管理者，他开创了"人单合一"的管理模式，实施"小微创客制"，将员工与用户直接对接，激发员工的创造力和主动性，引领海尔不断创新发展，成为全球零售量第一的大型家用电器品牌。又如，中化集团前董事长宁高宁提出了"科学至上"的理念，实施"创新三角"，从创新主体、创新方式、创新文化等方面全面提升公司的创新水平，推动中化集团从一个贸易型企业转变为科技驱动的综合型化工企业。

内部创业者。这是企业新质生产力中的活力源泉。所谓内部创业，就是企业提供资源，让那些具有创新意识、创业冲动的员工和外部创客，在企业内部进行创业，企业变为一个孵化平台，内部员工则变为创业者，双方通过股权、分红等方式成为合伙人，最终共享创业成果、共担创新风险的一种现代创业制度。内部创业者不同于一般的创新者，后者可能只是提出新想法或新产品，而内部创业者则被赋予了更多的自主权和资源去实现这些创新。内部创业者通常位于组织的高层管理和基层之间，在企业创新中扮演关键角色。他们通常是企业内部的员工或团队成员，具有想象力、胆识，并愿意冒个人风险来推动创新和变革。世界商业史上出现过许多伟大的内部创业者，如发明即时贴的 3M 公司的斯宾塞·西尔弗和阿特·弗里、建立索尼游戏站的久多良木健。我国也涌现出了一批内部创业团队，例如张小龙及其团队在腾讯内部的"赛马机制"中脱颖而出，成功将微信打造成现象级产品；王小川及其团队在搜狐内部创业，带领团队用五年时间做出了搜狗浏览器。钉钉、闲鱼、丰巢等都是内部创业的典型代表产品。

智识型劳动者。这是企业新质生产力中的专业技术骨干，既包括能够创造新质生产力的科研人才，也包括能够熟练掌握新型生产工具的应用型人才。他们通常具备高学历和专业知识，能够运用所学知识为企业和社会创造价值。这类劳动者通常是在虚实融合空间内，与数字化智能化技术协作劳动的新型劳动者群体，具有两方面技能。一是对人工智能的开发、设计、运营、维护、投资等。例如，随着人工智能技术在各行各业的应用，人工智能训练师成为热门新兴职业，参与标注加工原始数据、分析提炼专业领域特征、训练和评测人工智能的算法等。二是与人深度交互并提供更多服务，且能够充分利用智能工具提升个人的劳动生产率。例如，阅片机器人能够独立进行医学影像的初步筛查，标注出患者片子中的病灶位置，并对疾病进行量化剖析，继而给出判别报告。这种人工智能的出现虽然将取代一批具有初级技能的医疗工作者，但并不会代替主刀医生，反而能够大大提升主刀医生的工作效率。

智能型机器人。这是企业新质生产力中的新兴力量。人工智能技术的迭代与发展，不仅持续突破着人类体力的极限，更逐步实现了对人类脑力的模仿及超越。如今，智能型机器人已经在越来越多的领域中独立劳动，其与单纯的生产工具有着本质差异，具备高度智能化的特点，能自主进行知识的学习与更新，代替人类完成一些繁重、危险或高精度的工作。以亚马逊的无人仓库为例，大量部署的智能型机器人能够自动识别货物、搬运货物并将货物送到指定位置。这些机器人不仅提高了仓库的运营效率，还降低了人力成本和安全风险。近年来，人形机器人快速发展，这类机器人基于通用型算法，通过生成式 AI，具备语义理解、人机交互、自主决策等能力，具有高度的适应性和灵活性，可以无缝地融入人类的工作环境，使用人类的工具和设施，从而在更多的场景中发挥作用。

以上，就是关于新型劳动者的全部内容。新质生产力中的新型劳动者以其独特的角色和作用，为社会带来了前所未有的活力。从使命型企业家到领军型科学家，从创造型管理者到内部创业者，从智识型劳动者到智能型机器人，这些新型劳动者共同构成了新质生产力的重要推动力量。

第二节 智慧互动的新型劳动资料

所谓劳动资料，就是怎么改造。

在生产力的定义中，劳动资料包括直接作用于劳动对象的劳动工具以及相应的各类基础设施等支撑系统。其中，劳动工具是人类持续拓展社会边界的关键手段，是最重要的劳动资料。从最早的石器时代蹒跚起步，到青铜时代、铁器时代的辉煌，再到蒸汽时代、电气时代的崛起，直至现今信息时代的腾飞，劳动工具的每一次飞跃，都极大地推动了人类社会的进步与繁荣。

在遥远的两三百万年前，人类还生活在丛林和草原之间，面对的是恶劣的自然环境和残酷的竞争。正是在这样的环境下，人类用石头和动物骨骼制作出了最早的劳动工具——石器和骨质器具。这些工具虽然简陋、粗糙，却凝聚了人类最初的智慧和勇气，开启了人类征服自然、改造世界的序章。

随着时间的推移，人类逐渐掌握了青铜冶炼技术，青铜器开始取代石器成为主要的劳动工具。青铜斧、青铜铲、青铜斤等农具的诞生，使人类能够开垦更多的土地、种植更多的作物，这极大地丰富了人类的物质生活，人类不再仅仅依赖自然赐予的食物。同时，青铜兵器的出现也推动了军事的发展，国家间的争斗更加激烈。

青铜时代的辉煌并未持续太久。随着铁器的出现，人类社会又迎来了一次重要转折。汉代成熟的冶铁技术，让铁器得以大规模生产和使用，极大地提高了农业生产的效率，保障了人类社会的粮食供应。同时，铁器的使用也推动了手工业和商业的发展。铁匠们打造出各种精美的工具和器皿，商人们则利用这些工具进行商品交换，推动了商品经济的蓬勃发展。

蒸汽机与工业机械的完美结合，使人类能够进行大规模的工业生产和商业活动。蒸汽火车呼啸而过，电动机的轰鸣声响彻云霄，它们的出现都极大地提高了交通运输和工业生产的效率，促进了人类经济社会的迅速繁荣发展。然而，蒸汽时代、电气时代的到来也给能源和环境带来了挑战。煤炭的大量开采使用，导致空气污染和能源短缺的问题日益严重，这促使人类开始思考和探索可持续发展的道路。

之后，人类又进入了信息时代。计算机、智能手机等新型劳动工具的出现，使得信息传播更加迅速、广泛。鼠标和键盘的发明，互联网技术的普及和应用，使得我们能够随时随地获取知识和信息，极大地提高了工作效率，改变了工作空间。同时，信息时代也带来了网络安全、隐私保护等新的挑战和问题。

如今，人类社会正进入智能时代，劳动工具再次发生深刻变革，智能时代的新型劳动工具有以下几个显著特点。

首先是**先进性**。这些工具采用最新的技术、材料和设计理念，不仅在性能上达到了前所未有的高度，而且在适应性上也有很大的优势，可以满足多种场景的工作需求。无论是工业生产线的自动化操作，还是医疗领域的精准手术，都能游刃有余地完成。

其次是**智能化**。这些工具不仅仅是冰冷的机器，更是拥有智慧"大脑"的伙伴，不仅具备自主感知、分析、决策和执行的能力，而且能够根据环境和任务的变化进行自适应调整。这种智能化的特性使得劳动工具更加灵活、高效，能够胜任更加复杂、精细的工作。

最后是**绿色化**。这些工具在追求高效、智能的同时，也注重环保与可持续发展，采用了低能耗、低排放的设计理念和技术手段，旨在减少对环境的污染和破坏。

新质生产力背景下的新型劳动工具一般由以下四部分构成。

第一部分是**新硬件设备**。这是新型劳动工具的基础和核心部分，包括各种传感器、执行器、控制器等，能够实时感知环境信息、执行控制命令、完成工作任务。例如，智能机器人的手臂可以模拟人类手臂的运动轨迹和力度，实现精准的抓取和操作。

第二部分是**新软件系统**。这是新型劳动工具的"大脑"和"灵魂"部分，通过算法、控制策略、数据处理程序等手段对硬件设备进行控制和调度。例如，机器学习算法可以帮助机器人自动学习新的技能和知识，以适应不断变化的工作需求。

第三部分是**新通信技术**。这是实现劳动工具之间信息快速传输和共享的手段。例如，物联网技术可以将各种智能设备连接在一起，形成一个庞大的网络系统，实现数据的实时收集和共享。

第四部分是**新能源系统**。这是新型劳动工具的动力来源。例如，太阳能无人机利用太阳能为电池充电，实现了长时间续航和环保飞行；电动汽车采用电池作为动力源，减少了对传统化石燃料的依赖和碳排放。

下面简要列举几类新型劳动工具。

智能机器人。这是具有自主运行和执行任务功能的系统，可通过编程实现自动化、高效、精确的操作。智能机器人已经广泛应用于制造业、医疗、服务业等领域。在制造业，机器人可以自动执行生产工序，提高生产效率和产品质量；在医疗领域，机器人可以协助医生进行手术操作，减轻医护人员的工作负担；在服务行业，机器人可以提供导览、咨询、清洁等服务，为人们的生活带来便利。

无人机。无人机通过远程控制和自主飞行的方式，为各行各业带来了更多的可能性，可以用于航拍、侦察、监测、运输等多个领域。在农业领域，无人机可以用于喷洒农药、播种、施肥等作业；在物流领域，无人机可以实现快速配送和货物运输；在环保领域，无人机可以用于监测空气质量、水质等环境数据。例如，在农业领域，无人机通过搭载各种传感器和设备，可以实现对农田的精准管理和作业；通过飞行和拍摄的方式，获取农田的土壤、作物、病虫害等信息，为农民提供精准、科学的种植建议。

虚拟现实（VR）和增强现实（AR）。VR 和 AR 通过虚拟现实和增强现实环境为人们带来全新的交互体验。在工业领域，这些技术可以用于模拟生产环境和设备操作，帮助工人更加直观地了解生产过程和设备运行状况；在教育领域，可以创建虚拟教室和实验室环境，为学生提供更加丰富、生动的学习体验；在娱乐领域，可以为人们带来沉浸式的游戏体验和视觉盛宴；在建筑领域，可以创建逼真的三维仿真模型，让客户更加直观地了解设计方案和效果。

3D/4D 打印机。这种设备能够按照数字模型将材料逐层堆积成实体物品。它采用了先进的材料科学、计算机技术和机械设计等技术手段，使得制造过程更加灵活、高效和环保，让人们可以快速制造出各种复杂形状的零部件和产品，从而缩短产品设计和制造周期。

近年来，我国的物流行业也在不断探索和引进新型劳动工具。例如，京东物流作为电商物流行业的佼佼者，一直在探索智能机器人的应用。京东物流自成立之初就致力于为客户提供高效、快速、准确的物流服务，然而，随着电商业务的迅速增长，传统的物流模式逐渐暴露出三个方面的突出问题。一是人力成本高昂，需要投入大量的人力资源进行货物的搬运、分拣、配送等工作。二是运行效率受限。由于人力操作在搬运能力、分拣速度等方面存在诸多限制，导致京东物流在处理大量订单时面临巨大的压力，尤其是在电商大促期间，订单量激增，传统模式难以满足需求。三是安全隐患较多。在人工搬运、分拣等环节中，容易发生货物损坏、人员受伤等安全事故，这不仅会给企业带来经济损失，还会影响企业的声誉和客户满意度。

为了应对这些挑战，京东物流积极引进并应用新型劳动工具——智能机器人。京东物流在全国多地建立了无人仓库，这些仓库内部配备了大量的智能机器人。这些机器人能够自主完成货物的入库、存储、出库等作业，大大提高了仓库的存储效率和货物周转率。同时，无人仓库还降低了人力成本，减少了人为因素对物流作业的影响。在分拣环节，京东物流引入了智能分拣机器人。这些机器人能够根据订单信息，自动识别货物的种类、数量、目的地等信息，将货物准确投放到相应的分拣口。在配送环节，引入了无人机、无人车等智能配送机器人，实现了对偏远地区、交通不便地区的快速配送。

智能机器人的引入使得京东物流在人力成本方面得到了显著降低，而智能机器人具备的高效、精准搬运、分拣等能力，则大大提高了京东物流的工作效率。在电商大促期间，智能机器人能够迅速处理大量订单，确保货物及时送达客户手中。同时，智能机器人还具备智能避障、防撞等功能，可进一步保障作业安全。可以说，智能机器人技术在京东物流中的广泛应用，展示了新型劳动工具在企业中的巨大潜力和价值。

既然新型劳动工具对企业的生产经营如此重要，那么，企业如何根据自身能力和需求获得性价比最优的新型劳动工具呢？基于大量企业调研，我们总结出了以下五大途径。

途径一：自主研发。 企业可以通过内部的研发团队，研制出全新的劳动工具或对现有劳动工具进行改进。这种方式需要企业具备强大的研发实力和创新能力，同时也能为企业带来独特的竞争优势和知识产权。比如，一家制造业企业可以组建一支由机械工程师、电气工程师和软件工程师组成的研发团队，针对市场需求和自身技术特点，开发一款全新的数控机床。本书中的大量案例企业就采用自主研发的方式，突破了国外厂商对劳动工具的"卡脖子"瓶颈。

途径二：外部采购。 企业可以直接向具有固定合作关系的供应商定制新型劳动工具，也可以通过公开招标的方式邀请多家供应商参与竞标，选择最符合需求的供应商进行采购。比如，一家制造业企业计划引入一台高精度数控机床，通过招标采购的方式邀请多家知名机床制造商参与竞标。最终，企业选择一家技术实力强、报价合理的制造商签订了采购合同，成功引进了新型劳动工具。

途径三：引进合作。 企业可以通过技术引进或合作的方式获取现成的新型劳动工具，具体包括与其他公司、研究机构或创业团队采取合作、技术转让、授权或收购等方式。企业通过这些方式可以快速获得先进的生产技术和设备，提升自身的生产能力和竞争力。例如，一家企业可以与一家拥有先进 3D 打印技术的公司进行合作，引进其 3D 打印技术和设备，由此，企业可以快速制作出各种复杂形状的产品原型和零部件，缩短产品开发周期，降低制造成本。

途径四：联合经营。 这是指企业通过与其他企业共同投资、共同经营某个项目或业务的方式获得新型劳动工具。例如，一家企业可以与一家拥有先进智能制造技术的企业进行联合经营，共同投资开发一款新型的智能装备产品。通过联合经营的方式，企业在共享技术资源和市场渠道的同时，可以降低研发成本和风险。

途径五：设备租赁。 对于一些资金紧张或需要短期使用设备的企业来说，可以选择向设备租赁公司租赁所需的新型劳动工具，也可以通过与金融机构或设备制造商的融资租赁公司合作，以融资租赁方式获得新型劳动工具。比如，一家制造企业需要引入一台新型自动化设备来提高生产效率，但资金有限，于是选择了一家提供融资租赁服务的金融机构，成功以分期支付的方式租赁了这台设备，减轻了一次性投资压力。

回顾劳动工具的变迁历程，我们不禁感叹人类创新精神的伟大，正是这些工具改变了人类社会的面貌和命运。当前，以智能为核心特征的新型劳动工具不断涌现，正在逐步改变企业的生产方式和经营模式，让复杂的工作变得简单，让烦琐的流程变得顺畅，显著提升了企业的效率、效能和效益，为企业发展新质生产力、塑造新的竞争优势带来了更多机会。

第三节　数实共生的新型劳动对象

所谓劳动对象，就是改造什么。

劳动对象，如同艺术家手中的画布，是劳动者在生产过程中精心改造的对象。如今，劳动对象正迎来一场前所未有的革命。这场革命并非简单的形态更新，而是对劳动对象内在本质与功能的深刻重塑。在这一过程中，我们见证了劳动对象从实物形态跃向无形的数字世界，从被动被改造的角色成为激发生产力潜能的强力引擎。

在古代社会，劳动对象局限于自然界的物质资源，如土地、水源、木材、石料等。这些资源的获取和利用，往往依赖人力和简单的工具，生产效率低下。它们为人类的生存和发展提供了基本的物质保障，是早期社会经济发展的基石。随着工业革命的到来，机器和技术的广泛应用使得劳动对象的形态发生了巨大变化。煤炭、石油、钢铁等原材料成为工业生产的主要劳动对象，这些资源的开采和利用大大提高了生产效率，推动了社会经济的快速发展。同时，科学技术的进步使得人类从自然界获取物质和能量的手段变得更加先进，利用和改造自然的范围也逐渐扩展。

在全球化、信息化、智能化的时代背景下，新型劳动对象应运而生。这些新型劳动对象涵盖了新材料、新能源、深地、深海、深空等实体性劳动对象，还包括了数据、科技成果等非实体性劳动对象。

新材料作为新型劳动对象的重要一类，具有独特的性能和广泛的应用前景。新材料不仅具有轻质、高强、耐腐蚀等传统材料的优点，还具备了许多传统材料所不具备的特殊性能，如超导、自修复、智能响应等。例如，石墨烯作为一种新兴的二维碳纳米材料，以其优异的导电性、导热性和机械性能，引起了全球科研人员的广泛关注。石墨烯良好的光学特性，使得它在柔性电子器件、智能穿戴设备等领域具有广阔的应用前景。此外，石墨烯还可以用于制造高性能的电池和超级电容器，为新能源领域的发展提供了有力的支持。

新能源作为新型劳动对象的另一重要领域，以其清洁、高效、可持续的特点，正逐渐取代传统能源成为主导。新能源的开发和利用，不仅有助于缓解能源危机，还可以减少环境污染，推动经济的可持续发展。以太阳能为例，太阳能是一种广泛存在、永不枯竭的能源。通过光伏发电技术，可以将太阳能转化为电能，为人们的生产生活提供源源不断的动力。随着光伏技术的不断进步和成本的降低，太阳能已经成为许多国家和地区的首选能源。此外，风能、水能等可再生能源也不断发展，为新能源领域注入了新的活力。

深地、深海、深空作为人类尚未充分探索和开发的领域，蕴藏着丰富的资源和知识，也是人类的新型劳动对象。

地球深部蕴藏了绝大部分的资源和能源，目前世界先进水平的勘探开采深度已达 2500 ～ 4000 米，而我国大多小于 500 米。有关专家的研究表明，如果我国的固体矿产勘查深度能达到 2000 米，探明的资源储量将在现有基础上翻一番。

深海作为地球上最后一片未被充分开发的领域，蕴含着丰富的资源和未知的科学奥秘。通常意义上，深海是指海平面以下 200 米的水域，深海环境具有高压、底层水流速缓慢、无光、水温低、盐度高、氧含量较丰富、沉积物多等特点。

深海资源的开发和利用，不仅可以为人类的经济发展提供新资源供给，还可以推动深海科学的研究和探索。例如，深海锰结核、富钴结壳和热液硫化物等矿产资源储量巨大，具有极高的经济价值。此外，深海还蕴含着丰富的生物资源和基因资源。这些资源对于生物医药、农业等领域的发展具有重要的价值。

深空是宇宙中最神秘、最广阔的领域之一。深空是指在地球大气极限以外很远的空间，包括太阳系以外的空间，具有高真空、强辐射、微重力等特点。深空资源的开发和利用，不仅有助于推动航天技术的发展和进步，还可以为人类探索宇宙、了解宇宙提供更多的信息支持。例如，通过深空探测技术，可以对月球、火星等天体进行详细的探测和研究，了解它们的组成、结构和环境。这些研究成果不仅可以为人类的太空探索提供重要的参考和支持，还可以推动相关领域科学技术的发展。

数据作为新型非实体性劳动对象，不仅记录了人们的行为和习惯，还蕴含了巨大的商业价值和社会价值。通过对数据的收集、分析和挖掘，我们可以更加精准地了解市场需求和消费者行为，为企业决策提供更加有力的支持。例如，在医疗领域，通过对医疗数据的分析，医生可以更加精准地诊断疾病、制定治疗方案。又如，在交通领域，通过对交通数据的分析，我们可以优化交通路线和进行交通管理，提高交通效率。再如，在金融领域，通过对金融数据的分析，我们可以预测市场走势，制定投资策略。

下面来看一个平安保险开展数据资产管理的例子。

平安保险作为一家综合性金融服务集团，拥有庞大的客户群体和复杂的业务体系。随着业务规模的不断扩大和市场竞争的日益激烈，平安保险面临着数据分散、质量参差不齐、价值难以充分发挥等挑战。为了应对这些挑战，平安保险开始将数据视为一种资产，并着手构建一套完善的数据资产管理体系。

第一，对数据资产进行识别与分类。通过对公司内部各个系统、平台和业务部门的数据进行梳理和整合，平安保险识别出了包括客户数据、交易数据、风险数据、市场数据等在内的各类数据资产。同时，根据不同数据的特点和价值，平安保险将数据资产分为核心数据、重要数据和一般数据等不同的等级，为后续的数据管理和应用提供了清晰的分类依据。

第二，提升数据质量。数据质量是数据资产价值发挥的基础。平安保险通过制定严格的数据质量标准和流程规范，确保数据的准确性、完整性和一致性。同时，平安保险还加强了数据质量监控和评估工作，定期对各类数据资产进行质量评估，发现问题及时整改，为后续的数据分析和应用奠定了坚实的基础。

第三，加强数据安全与保护。通过建立完善的数据安全保护体系，确保数据资产的安全性和保密性。该体系包括物理安全、网络安全、应用安全和数据安全等多个方面，涵盖了数据资产的存储、传输、使用等各个环节。同时，平安保险还加强了对数据资产的访问控制和权限管理，确保只有经过授权的人员才能访问和使用数据资产。

第四，挖掘数据价值。在数据资产识别、分类、质量提升和安全保障的基础上，平安保险开始深入挖掘数据资产的价值，并将其应用于业务决策、运营优化和风险控制等方面。通过运用先进的数据分析技术和算法模型，平安保险能够实现对市场趋势的精准预测、客户需求的精确把握以及风险的有效控制。同时，通过数据驱动的方式推动业务创新和产品升级，为客户提供更加个性化、精准化的服务。

比如，在营销领域，平安保险通过收集和分析客户数据，构建了详细的客户画像，并开展了精准化的营销活动。针对年轻客户群体，平安保险专门推出了符合其消费习惯和需求的保险产品，并通过社交媒体等渠道进行精准推广。在车险领域，平安保险通过收集和分析车辆行驶数据、维修记录等信息，能够预测车辆发生事故的概率和损失程度。基于这些预测结果，平安保险可以制定有针对性的风险控制策略，降低赔付成本和风险损失。在客户服务领域，平安保险通过收集和分析客户咨询、投诉等数据，发现客户服务流程中存在的问题。

针对这些问题，平安保险制定了相应的改进措施和优化方案，提高了客户服务效率和质量。

此外，还有一类特殊的劳动对象——**科技成果**。

科技成果是科研人员通过长期研究、实验和创新所得出的具有实际应用价值的新知识、新技术或新方法。因此，科技成果的转化，本质上就是对这些智慧的进一步挖掘和应用。在转化的过程中，科技成果需要经历一系列复杂的加工和应用环节，包括但不限于对科技成果的深入理解、市场分析、技术评估、资源整合、产品研发、试制、测试以及市场推广等。每一个环节都需要科研人员、企业家、投资者等多方协同合作，才能确保科技成果的顺利转化。

作为一种特殊的劳动对象，科技成果与传统意义上的劳动对象存在显著差异。传统的劳动对象如原材料、半成品等，其加工和应用过程相对简单。科技成果的转化则更多依赖人类的智慧和创造力，需要科研人员对科技成果进行深入的剖析和解读，然后结合市场需求和技术趋势，进行创造性的构思和设计。此外，由于科技成果具有前沿性和创新性，在其转化过程中，可能会遇到各种预料之外的困难和挑战，因此科研人员和企业家需要具备高度的敏锐性和应对能力，才能确保其顺利转化和应用。

下面以太阳能电池技术转化应用为例进行简要分析。

太阳能电池技术作为新能源领域的重大科技成果，其转化应用对于缓解能源危机、推动绿色可持续发展具有重要意义。在转化过程中，太阳能电池技术作为劳动对象，经历了从理论探索、实验室研发到产业化生产的蜕变。

首先，在理论探索阶段，科研人员开展了光电效应、半导体材料等基础理论研究，优化太阳能电池的结构和性能，为后续的实验室研发提供了有力支持。

其次，在实验室研发阶段，科研人员将理论成果付诸实践，通过反复试验、验证和优化，成功制备出性能优良的太阳能电池样品。这些样品不仅具有高效率、长寿命的特点，而且成本逐渐降低，为后续的产业化生产奠定了基础。

最后，随着技术的不断成熟和成本的降低，太阳能电池技术逐渐进入产业化生产阶段。在这个阶段，科技成果作为劳动对象，与生产设备、生产工艺等要素相结合，共同推动了太阳能电池技术的转化应用。一方面，企业通过引进先进的生产设备和工艺，提高了太阳能电池的生产效率和品质；另一方面，科研人员与企业紧密合作，不断优化产品设计，降低成本，提高竞争力。太阳能电池技术作为科技成果转化过程中的劳动对象，经过理论探索、实验室研发和产业化生产等多个环节的磨砺和成长，最终实现了从理论到实践的跨越式发展。

这里只列举了部分新型劳动对象。可以预见的是，随着科技的进步，新型劳动对象的范围还将不断拓展，不仅为企业开辟新业务、发展新质生产力带来更多可能，也为经济社会的繁荣发展提供更多机会。

第四节　企业家精神："三劳"创造性组合

企业家永远是一个创造奇迹的群体。

他们之所以神奇，是因为无论在什么困境下，他们都永远面向生产力提升，创造性地优化组合劳动者、劳动资料和劳动对象，使其焕发出无与伦比的崭新生命力。在中国历史上，无论是以贸易或金融著称的浙商、晋商，还是改革开放后靠低端生产加工或吃苦耐劳起家的工商业群体，都曾让中国在全球生产力版图中占据一席之地。

然而，彼时科技创新并未成为国内生产力的发动机，我们眼睁睁看着西方发达国家利用科技的力量掌握产业话语权，获取高额附加值。如今，中国的发展进入了新时代，一方面要实现高质量发展，另一方面又被发达国家"卡脖子"打压。面对冰火两重天，利用科技创新加快形成新质生产力，已经成为全民共识。越是这种时候，越需要一批企业家发挥比以往任何时候都关键的作用。当今中国正缺乏既有使命担当，又敢于进行科技突破和管理变革，用创新实现赶超引领的企业家。

这背后的核心就是企业家精神，一种创造性地组合优化"三劳"的能力。这种极为稀缺但又极度关键的能力，可以实现无中生有，把不可能变为可能。下面来看几位极具代表性的企业家，他们不是经常见诸报端的明星企业家或网红老板，而是实实在在从 0 到 1 实现突破的企业家。

第一位企业家通过技术追赶跨越了国外企业设置的技术壁垒，不仅把竞争对手的产品挤出中国，还把产品返销到竞争对手国内，最终其企业成为行业全球第一。这位企业家就是李世江，他掌舵的这家企业就是位于河南焦作的多氟多新材料股份有限公司。说起焦作，人们可能印象最深的是它是太极拳之乡，却不知道当地有一家在锂电池这条火爆赛道上驰骋了多年的企业。

六氟磷酸锂是锂电池的核心材料，成本占电解液总成本的 40%～50%，其痕量杂质、一致性和稳定性决定了锂电池的充放电性能、能量密度和使用寿命。2010 年之前，六氟磷酸锂的生产技术主要掌握在日本森田化学、关东电化、瑞星化工三家企业手中。为了确保市场垄断地位和高额利润，这三家企业对六氟磷酸锂技术严密封锁，卖到中国市场的产品价格一度高达每吨 100 多万元人民币，严重制约了我国锂电产业和新能源汽车产业的规模化发展。早在 2006 年，多氟多的董事长李世江陪同工业和信息化部专家到日本考察，第一次听说六氟磷酸锂这种新材料，才知道它不是论吨卖，而是论公斤、论克卖。

了解到这一情况后，李世江敏锐意识到这是企业转型发展的大好机遇。但当他向日方企业表达合作生产六氟磷酸锂的意愿后，对方直接拒绝，李世江甚至连日方工厂的大门都没进去。日本人声称：六氟磷酸锂这样高精尖的产品，中国人根本生产不出来。日方的傲慢激发了李世江的军人血性，他暗暗下决心：不管遇到多少困难、付出多大代价，多氟多一定要把六氟磷酸锂生产出来。

但是，当时多氟多公司一没技术，二没团队，三没装备，四没支持，可以说是一穷二白，根本不具备研制生产条件。面对这种情况，很多人偃旗息鼓或另寻他路，但李世江在 2006 年回国后，立即组建研发团队，开始攻克六氟磷酸锂的技术难题。从生产力的角度看，李世江所做的，就是在对劳动者、劳动工具和劳动对象进行彻底的改造升级和创造性组合，形成企业的"新三劳"。

摆在李世江面前的，首先是找到技术带头人，其次是突破技术瓶颈，最后是实现规模化量产。

找什么样的技术带头人呢？当时企业没钱聘请外部大专家，国内从事这方面产业技术研究的人也不多。于是，李世江决定用内部培养的方法来解决这个问题。

李世江选中了入职公司五年的技术员、如今已担任公司副总经理兼总工程师的闫春生担任团队负责人。这个团队成立时可谓一穷二白，没有原材料、没有生产工艺、没有关键技术。他们完全从零开始做起，从头查阅各种资料，向专家请教，自己设计、焊接实验装置。经过两年的日夜坚守、上千次反复试验，团队在突破原料提纯、机械密封、低温、强腐蚀、无水无尘等一道道难关后，2008年终于成功制造出了2克六氟磷酸锂，各项数据指标都达标，并且首创了以工业无水氢氟酸、工业碳酸锂制备晶体六氟磷酸锂的新型原料路径，打破了国外垄断。

然而，在实验室取得的技术突破，只能说成功了一小半。要把六氟磷酸锂真正推向市场，必须通过中试、量产等一道道关口后，才能说真的形成了生产力，同时还要保证企业在成本上有竞争力，以应对国外对手的竞争甚至恶意打压。

果不其然，2009年多氟多公司的200吨中试刚通过验收，国外企业看到无法阻挡多氟多公司的迅猛势头，便使出另外一招：将价格一降再降，直逼成本线，意在逼多氟多公司退出六氟磷酸锂市场。

面临生死考验，李世江和研发团队没有退缩，而是决定进一步改进生产工艺、降低成本。降低成本的关键涉及工艺、装备等方方面面，这就是在生产力的劳动工具上做文章。创新小组在攻克多项关键技术难关后，实现了成套工艺技术、原材料纯化、专用装备开发、废弃物梯级高效利用等方面的全面突破，最终做到产品完全替代进口，掌握了六氟磷酸锂这一新型劳动对象背后的研发技术、工艺技巧，有力反击了国外企业的价格战。

创新的红利和甜蜜，只有在艰苦的技术突破后才能品尝到。

2011年，多氟多公司的六氟磷酸锂产量达到了1000吨，公司成为国内第一家自主研发并且实现产业化的六氟磷酸锂供应商；2012年多氟多公司应用设备改革，安装新型搅拌装置；2013年优化技改，实施R101加酸方式；2014年提升产量，采用六氟磷酸锂优化工艺……一系列创新使得多氟多公司的主要原材料——无水氢氟酸、氟化铷等全部实现自产，极大地降低了六氟磷酸锂的生产成本。从2014年开始，多氟多公司的六氟磷酸锂产量位居世界第一；2021年，全球的六氟磷酸锂产量6.8万吨，其中近三分之一来自多氟多公司；2022年，多氟多公司的产量更是高达5.5万吨，位居全球第一。

从"三劳"的角度看，李世江用独特的创新精神，通过组建研发团队、自主攻关核心技术、自主研制关键工艺装备的方式，解决了劳动者缺乏、劳动工具落后和劳动对象全新的难题，通过与国外对手正面竞争获得成功，使企业的生产力大幅提升。李世江之所以敢这么干，与他自身的成长经历密切相关。

李世江早年在火箭军参军服役，退伍后回到家乡在当地的化肥厂、石油石化厂、冰晶石厂担任过多个岗位的干部，积累了丰富的企业管理经验。

与任正非一样，军人出身和所拥有的企业管理经验，让李世江一直坚定地走在科技创新的道路上。虽然他不是科班出身，却拼命钻研技术。1994年，李世江在一家冰晶石厂濒临倒闭的时候，挺身而出担任厂长，决心拯救困难企业。面对少技术、缺管理、人心散、濒临倒闭的状况，他组织厂里几名退役军人骨干进行技术研发。磷肥在生产过程中会产生大量氟硅酸，过去氟硅酸被当作废料处理，如何变废为宝是个难题。经过1000多个日日夜夜的技术攻关，企业终于成功开发出了氟硅酸钠法制冰晶石联产优质白炭黑技术，破解了磷肥行业的"三废"难题，实现了资源综合利用，企业也扭亏为盈。这项技术颠覆了国内几十年的传统工艺，时至今日依然是全球主流技术。

推动李世江持续开展科技创新的，还有另一个事件。

多氟多公司的前身是焦作市煤炭局旗下的国营冰晶石厂，1999 年变更成为多氟多公司。1999 年创立之初，公司研究的是把磷肥副产的产品变成冰晶石。当时恰巧我国正在打造一批"高技术产业化示范工程"，多氟多公司的研究项目上报后获得通过，令李世江非常兴奋，"你能给国家搞高技术、搞示范，这对我们的刺激是很大的"。正是这次项目被选中，给了李世江更大的创新动力和勇气。

当然，很多事是无知者无畏，就像当年吉利汽车创始人李书福曾单纯地认为汽车是"四个轮子加一个沙发"。而只有在真正造车之后，他才发现难度远比他想的要大。但越是此时，越能显示出企业家在创新和生产力创造中的独特价值。

下面介绍的这位企业家，不仅具备独特的创新思维模式，更拥有创造性的"三劳"资源组合能力，带领企业走出了一条颠覆行业传统认知的生产力跃升之路，他就是湖北三环锻造有限公司的张总。

三环锻造位于湖北襄阳谷城县经济开发区，长期从事汽车转向节的研发制造，已经发展成为国内最大的中重型汽车转向节生产企业。你也许会奇怪：这样一家从事传统制造业的汽车零部件企业，怎么会与新质生产力挂上钩？看完下面的故事，你就会明白其中的原委。

张总是机械工业专业科班出身，他身材敦实、皮肤黝黑，很少穿西服，常穿工装，看起来不像老总，而更像生产一线的工人。每到夏天，他就喜欢把裤脚卷起来工作，还会在酷暑的傍晚带着企业高管下河捞鱼、上树抓蝉，活得颇为洒脱率真，眼里始终有光。

正是这种洒脱率真的性格，让张总身上有着一种放得开、敢于创新的精神特质。他一直在思考一件事，那就是锻造行业传统的工艺有没有改进空间。

为什么要改进业内已经公认的传统工艺？张总在三环锻造工作了近 40 年，他在工作中发现，从苏联引进的传统锻造工艺，是一种按照工艺流程从前到后的离散型制造布置，针对六个工艺流程各建一个车间。虽然这种工艺布局方法曾在标准化生产年代发挥了巨大作用，但已经越来越不能适应形势的变化和客户的需求，生产力的发展受到了巨大的限制：一是客户订单"多品种、小批量、个性化"的趋势越来越明显，一种产品需要至少一套模具，生产线切换频繁，要求快速响应，这使得生产组织难度加大，传统的离散型制造方式导致规模效益无法释放；二是煤炭、钢铁、有色金属和石化等原材料成本快速上涨，必须找到降低成本的新方式；三是2012年后国内的重卡零部件企业陷入低价同质竞争之中，三环锻造的盈利能力开始下降，必须通过提质降本增效和差异化竞争重新获得竞争优势。

只有变革，才能适应变化。于是，张总决定将六个离散的小工艺流程整合为一个连续的大工艺流程。但是，要做成这件事，必须具备三个技术条件：一是要有专业化的仿真工具，先在虚拟世界中进行模拟，看是否可行，然后再实战检验；二是要有一批数字化的试验设备设施，看如何对六个工艺流程既进行物理上的链接，又打通底层的数据和信息；三是要变革后续的生产管理方式和检验检测手段，使整个工艺创新真正落地。当然，首先需要一批专业的研发人员，才能把这件事做起来。

然而，当时企业里懂仿真和数字化软件的人并不多，信息化部门的人员也有限，还缺乏很多专业的试验设备。从生产力的角度说，缺少合适的劳动者和专业的劳动工具，还要面对新型的劳动对象（大数据），自己从零开始很难完成。

怎么办？张总采取了一种"架构创新设计＋产学研协同攻关＋定制化采购设备"的方式加以解决。

首先，自己搭建设计总体架构，提出全流程整合的智能化生产方式系统性变革思路，并依托公司精密制造工业园区的建设，明确智能化生产的重点。这是在设计生产力的总体路线图。

随后，公司通过虚拟仿真和数字化协同软件形成数字化车间布局，基于研发攻关打通锻造生产上下游工艺中的几个关键离散点，采用定制化采购和产学研合作方式引入先进的数字化装备、工业机器人、传感器、信息化软件系统，突破"钢材下料→加热""锻造→热处理""抛丸→探伤"的工艺和装备连接，运用工业机器人实现全流程的自动化运转，对锻造生产全流程进行适应性整合，解决了物理连接和信息连接的"双连接"问题。

比如，在突破"锻造→热处理"工艺和装备连接时，三环锻造专门联合了热处理设备厂家——苏州工业园区久禾工业炉有限公司，开发出了行业领先的温控风冷装置，由德国库卡机器人把温度为 800 ～ 950 摄氏度的热锻件夹持放置在温控风冷装置输送带上，可均匀缓冷至 500 ～ 600 摄氏度后再进炉加热到 800 摄氏度以上。改造后的生产线节约了将锻件从室温升温至 600 摄氏度的电能，不仅节能，还大大缩短了工艺流程。

在打通了六个离散环节后，三环锻造应用先进的信息技术，建立全流程在线质量管理和能耗管理新模式。可以说，这个步骤针对信息连接和数据分析这类新的劳动对象，解决了劳动工具的升级问题。

最重要的是，三环锻造通过开放创新和引进行业高端人才的方式，解决了关键核心研发人才的问题。从 2015 年至 2018 年，三环锻造分别与华中科技大学、武汉理工大学、湖北汽车工业学院、湖北文理学院、德国弗劳恩霍夫研究所五所大学及研究院所开展了 9 个项目的研究合作。此外，公司还引进了德国弗劳恩霍夫机床和成型技术研究所的铝合金锻造工艺设计高端人才一位；引进华中科技大学夏巨谌教授，对金属材料成型、铝合金锻造进行技术研发指导；利用团省委"博士服务团"，引进博士 4 人，开展锻造设备、机电一体化、信息控制、材料成型领域的综合研究。

事实上，"产学研合作"是中国企业解决核心技术劳动者和知识型劳动者缺乏问题的一种重要方式。

张总的抱负和雄心没有白费，通过设计新的生产力路线图和创造性地整合内外部资源，三环锻造实现了对劳动者、劳动工具和劳动对象的组合优化，颠覆了行业的传统工艺技术,实现了全流程整合的智能化生产方式改造,在锻造行业内首先构建了"一个流"智能化生产方式,生产效率和质量效能大幅提升。表 2-1 是三环锻造工艺生产线变革前后的指标对比。

表 2-1 三环锻造工艺生产线变革前后的指标对比

对比项	指标	改造前	改造后	量变率
质量指标	锻件废品率(PPM)	1800	1000	−44.4%
能耗指标	万元产值综合能耗(吨)	0.17	0.13	−23.5%
	千瓦电创产值(元)	7.5	9.0	20%
生产效率	劳动生产率(万元/人·年)	26.5	32.0	20.8%
	在制品周转天数(天)	1.6	1.25	−21.9%
制造成本	锻件制造成本(元/吨)	1724	1328	−23.0%

资料来源:三环锻造(2019)。

上面两个案例中,多氟多公司创始人李世江的科技创新并没有颠覆行业的技术认知,但为中国企业家找到了一条通过技术追赶突破技术封锁、最终超越对手的新质生产力实现路径,这类企业家可以称为**"追赶超越型企业家"**。三环锻造的张总则是**"认知突破型企业家"**,他不盲从权威,打破苏联教科书规定的技术认知,大胆尝试科技创新,使企业步入高端化发展轨道,为中国企业家提供了一种通过认知突破实现新质生产力的方式。他们都是生产力的总指挥。

当然,还有一类科学家出身的企业家,他们善于把聪明才智转化为现实生产力,同样值得称道,而且更具魅力。

科技与产业之间,曾经是一条深深的鸿沟。科学家往往沉浸在科学发现和技术发明的喜悦之中,企业家则整天忙于经营和管理,难以感受到科技的强大赋能。可一旦两者结合,便会产生魔术般的化学反应。尤其是在形成新质生产力的过程中,由科学家工程师变身为企业家,推动科技成果的产品转化与产业化落地,创造高效率、高效能、高效益的生产力,越来越成为一种具有强劲力量的主导模式。这类人群很特殊，他们既不是传统的科学家，而是"**价值型科学家**"；也不是传统的企业家，而是"**科学企业家**"。

恰恰是这样一类跨界人，他们在推动新质生产力形成并发展的过程中成为中坚力量。

下面介绍这样一位以创造产业价值为己任的科学企业家，他就是中建材蚌埠玻璃工业设计研究院有限公司（以下简称"蚌埠院"，2022年重组，改名为中建材玻璃新材料研究总院）的党委书记、院长彭寿。在彭寿的带领下，蚌埠院这家中国建材集团下属的玻璃企业，在当年由科研事业单位转制成企业、面临巨大的生存危机后，通过高效落地的科技成果产业化路径，不仅站在了全球行业技术的风口浪尖，更走出了一条基于科技创新和管理变革的生产力升级之路。

蚌埠院其实离我们每个人并不遥远。每天当我们的手指在平板电脑或智能手机的触摸屏上轻轻滑动时，就与这家企业建立了亲密关系。这块触摸屏，就是蚌埠院生产的仅有0.12毫米厚的超薄玻璃。

别小看这块小小的触摸屏玻璃，它虽然仅有一张A4纸的厚度，但工艺技术复杂，生产难度极大，其核心技术曾长期被美国、日本的少数几家公司垄断，产品价格常年居高不下。

蚌埠院又是如何突破这项技术封锁并形成产业化的呢？这就必须要提到彭寿。

彭寿1960年出生于安徽桐城，1978年作为恢复高考后的第一批大学生，他选择了武汉建材学院无机材料工程专业，1982年毕业后即到蚌埠院工作，并于2019年当选中国工程院院士。在彭寿的职业生涯中，有一个头衔不得不提起，他曾担任第23届国际玻璃协会主席，这是国际玻璃协会创办80多年来的首位华人主席。彭寿在国际上第一个提出了"浮法玻璃微缺陷控制、低能耗制备新方法"，并带领团队开发出了世界最大规模、日熔化量1200吨的玻璃生产线核心技术与成套装备，使我国的浮法玻璃技术进入世界先进行列。也正因为如此，彭寿被授予"国际玻璃协会主席终身成就奖"。

看到这，你也许会奇怪，彭寿究竟是一个科学家，还是一个企业家。其实，他更准确的定位是"科学企业家"。

之所以称彭寿为科学企业家，是因为他既有科学家的学术严谨性，更具有企业家的眼光和思维。大量科研院所转制后日子并不好过，很多机构也尝试过科技成果产业化，但在落地过程中都碰到了诸多障碍，最后无奈放弃。蚌埠院在 2000 年从事业单位转制为企业后，也面临同样的问题。

此时，彭寿作为企业家"创造性整合资源、创新性突破瓶颈、创业型落地产业"的作用开始显现。他针对科技成果产业化过程中的八个痛点，用企业家的巧思维和大手笔做了最好的回答。

针对传统科研项目不落地的痛点，彭寿提出围绕产业化目标进行课题立项，使科研项目一开始就服务于生产力目标，而不只是个人兴趣或自由探索。

针对目标市场定位的痛点，彭寿提出要定位于国内技术空白和国际高端市场，规避传统玻璃产业产能过剩的同质化竞争，采用难以复制、后续开发快、领先且持久性好的技术，突出蚌埠院的技术优势。

针对科研和市场"两张皮"的痛点，彭寿提出必须打通创新链和产业链：创新链的上游开展基础技术研究，研发部门进行原料开发和技术供应；创新链的中游开展应用技术研究，研发部门进行装备设计、系统开发以及生产线装备制造等技术开发；创新链的下游开展产业化技术研究，项目公司是市场创新参与主体，部分研发部门参与其中，设计个性化产业链，开发市场。

针对创新要素分散的痛点，彭寿提出以产业化需求整合创新要素。一方面，蚌埠院搭建了包括浮法玻璃新技术国家重点实验室、国家玻璃新材料创新中心在内的 12 个国家级和省部级创新平台，以及美国新能源材料研究中心等 3 个国际研发中心；另一方面，蚌埠院通过兼并重组快速获得国内外的关键技术、人才和市场，比如重组安徽华光光电材料科技集团，蚌埠院将所承担的国家级科技攻关项目成果在华光集团转化应用，建成国内首条全氧燃烧浮法玻璃生产线，首次采用全氧燃烧技术生产高品质超白玻璃。

针对如何孵化科技成果的痛点，彭寿提出以项目公司来孵化科技成果。一方面，蚌埠院建立了"首席科学家制"，由首席科学家带领研发团队，开展共性技术、关键技术应用基础研究以及核心装备、生产控制系统等成套装备的研发。另一方面，蚌埠院将开发的科技成果通过项目公司进行转化，针对一个项目成立一家公司，项目公司作为成果孵化器，采用股份制合资经营方式，引进战略投资人，最终成为独立经营、自负盈亏的经营实体。

针对如何激励科技人员的痛点，彭寿提出技术人员担任董事和股权激励的方式。每个产业化项目中，蚌埠院本部都会指派技术负责人，整体负责产业化项目的建设和运营，科技人员在项目公司中持股，核心技术骨干进入项目公司董事会，在制度上保证了研发团队的自主决策权。比如，2016 年 7 月，蚌埠院和研发团队持股的蚌埠飞扬企业运营管理有限公司合资成立了安徽凯盛基础材料科技有限公司，其中蚌埠院持股 70%、研发团队持股 30%。公司用玻璃粉末法制造出来的空心玻璃微珠样品达到了美国 3M 同类产品的性能指标，打破了国外对空心玻璃微珠的技术封锁。

针对打造什么样的产业链的痛点，彭寿提出个性化产业链设计方案。产业链大家整天都挂在嘴边，但到底打造什么样的产业链，才是企业家经常碰到的难题。蚌埠院在实践中摸索出了"个性化产业链设计"的创新做法。一是在创新链的各环节内部形成独立的产业链。比如，蚌埠院在基础研究环节中进行的石英砂提纯工艺开发，直接在通辽矽砂工业有限公司进行产业化，就形成了上游的原材料产业链。二是在打造完一个又一个小的创新链之后进行整合，形成个性化的产业链设计。比如，蚌埠院基于上游的石英砂原料供应企业，中游的光电显示玻璃基板生产企业、氧化铟锡（ITO）导电膜玻璃生产企业，下游的触控屏生产企业等，建成了光电显示产品的产业链。

针对产业化最后一步如何落地的痛点，彭寿提出自建产业园区的方式。产业化落地时，究竟是自建产业园区，还是找合作方落地，蚌埠院选择了自建产业园区的方式。比如，蚌埠院在安徽蚌埠建设了2000多亩的中国玻璃新材料科技产业园、100多亩的信息显示材料园区以及3000平方米的中试基地、140亩的装备研发制造工业园等，分别进行核心技术的研发转化、成果中试和单一设备到全线智能控制系统的开发。同时，蚌埠院在全国布局产业化公司，以地方政府对产业的支持和产业链上下游配套厂商的选址为出发点。比如，TFT-LCD玻璃基板成果的产业化地址选在成都，成立了成都中光电科技有限公司，就是因为四川省政府大力支持，世界知名的电子信息产业品牌商、制造商相继落户四川，同时靠近下游国内主流面板厂商。

至此，一条从科技创新到产业化落地的链条才终于被打通，其技术难度之大，涉及的组织机构之多，环节之复杂，绝非一般的科学家或工程师能掌控。彭寿的八个企业家思维让蚌埠院的科研成果不只是在实验室"睡觉"，而是实实在在地转化为新产品推向市场，最终变为现实生产力。这恰恰符合新质生产力的三大催生因素——革命性技术突破，生产要素创新型配置，产业深度转型升级。

以TFT-LCD玻璃基板的产业化为例，TFT-LCD玻璃基板是液晶显示面板的核心部件，代表了全球现代玻璃规模化制造领域的最高水平，但该核心技术一直被国外企业控制。2016年，彭寿带领团队对当时行业最高的8.5代TFT-LCD超薄浮法玻璃基板的技术展开攻关，经过多年努力，终于开发出了具有中国特色的液晶玻璃基板超薄浮法新工艺。在产业化过程中，他们又遇到了新的困难，彭寿带领创新团队攻克生产、资金、市场各方面的壁垒和障碍，迈过科技成果向产业化转化的"死亡之谷"。2019年9月18日，中国首条8.5代TFT-LCD超薄浮法玻璃基板生产线开始量产，宣告我国高世代液晶玻璃基板实现工业化生产。

通过科技成果产业化，蚌埠院一共打造了16个产业化公司和1个上市公司。超薄浮法玻璃基板生产线彻底改变了国内触控显示所需 0.5 毫米及以下超薄玻璃进口的局面，0.12 毫米（全球最薄的）超薄触控玻璃的全球市场占有率近 30%；TFT-LCD 玻璃基板生产线的良品率达到国际先进水平，产品广泛供应主流面板企业，打破了美国康宁等少数国外企业的垄断；建成的光伏玻璃生产线累计实现产值超过 500 亿元，全球市场占有率达 60%；开发的高品质浮法玻璃技术成功转化，建成了世界最大规模的 1200 吨级高品质浮法玻璃生产线，累计创造利润 100 亿元，向韩国等国家出口 32 条生产线，创汇 30 多亿美元。这些科技成果的陆续转化，带来的是中国玻璃新材料领域的高质量发展，仅 2022 年在蚌埠贡献的产值就达到 300 多亿元，生产力效益显著。

即便过去人们认为科学家不适合当企业家，但总有那么一部分科学家有强烈的意愿去搞转化、办企业，总有那么一部分人深谙科学和经营之道，社会大环境也越来越欢迎这样的跨界人士。一旦他们获得成功，将塑造新的产业链、开辟新的赛道，带来不可阻挡的生产力跃升新景象。这样兼具科学家特质和企业家特性的群体，是最为珍贵的科技成果产业化先行者。

总结一下，无论是以张总为代表的"认知突破型企业家"，还是以李世江为代表的"追赶超越型企业家"，或是以彭寿为代表的"科学企业家"，他们都是生产力的总指挥，具备几个共性特点：一是自带突破"卡脖子"技术和探索前沿领域的产业使命，二是以科技创新为核心手段、以管理变革为重要抓手，三是具有强烈的产业化意识。集这三个特质于一身的企业家，正是创造新质生产力最需要的那一类企业家，也是我们这个时代最稀缺的新质生产力大师。

第 三 章

寻找企业的质变点

——瞄准质变点，
找到企业新质生产力的突破口

新质生产力是一个大概念，企业必须将其具象化，通过"四步法"（BPPA）模型形成落地方案后才能稳步推进。其中有三个关键点，首先要设定清晰的新质生产力标杆，然后找到企业的质变点，进而确立企业发展新质生产力的路径。那么，企业应该如何设定新质生产力标杆，又怎样找到自己的质变点和正确的新质生产力实现路径呢？本章将结合具体案例，详细阐述这三个关键点。

第一节　设定新质生产力标杆

企业发展新质生产力的第一步，是要先搞清楚要实现的目标大致在哪儿，这就需要设定新质生产力标杆。具体来说，企业可以参考以下几类方法。

方法一：设立前沿守门人或调研全球领先的行业龙头企业，对标行业最高端。

瞄准全球行业高端、对标行业一流，是企业设定新质生产力标杆的一种最重要也最实用的方法，因为行业龙头通常就代表了行业的先进生产力，能够帮助企业快速确立深度转型升级的目标。"前沿守门人"不是指某个人，而是企业内部为持续跟踪行业前沿动态而设定的一种制度，其核心目的就是准确掌握行业龙头企业的关键情况，包括技术、产品、供应链和销售网络等，为企业提供战略决策的依据。

不妨来看两个实例。

无锡一棉作为一家传统的棉纺织企业，一直面临无法进入行业价值链高端的困境，究其原因是企业定位在粗支纱和中支纱的低端市场。在国际棉纱线市场上，粗支纱和中支纱的门槛低，竞争激烈、利润率低；而高支纱和特高支纱的技术含量高、利润率高，代表行业的高端市场。

为摆脱同质化的低端竞争，无锡一棉的领导通过考察全球市场和跟踪行业前沿敏锐地发现，用特高支纱线制成的纺织品具有轻薄飘逸、典雅高贵、穿着舒适的感觉，欧美顶级奢侈品已有需求，随着国内人民生活水平的提高和对高品质生活的追求，天然生态的高档特高支纱国内市场也在逐步打开，前景广阔。为此，无锡一棉将特高支纱的规模化生产作为自己的对标目标。然而，特高支纱的核心纺织技术和工艺装备、关键器件等都掌握在国外领头羊企业手中，对无锡一棉形成了"卡脖子"的制约，必须自主突破。

再来看另一个例子。电热合金是全球重要的工业材料，然而国内企业的相关产品质量不高、使用温度低、寿命短，尤其是芯片制造所需 1300 摄氏度以上温度区间用电热合金，以及玻璃、陶瓷、有色金属熔炼等领域所需的高性能电热合金等，主要依赖进口。随着国际贸易摩擦加剧，欧美国家对我国芯片等高端产品及技术进行限制，国内开发高性能电热合金材料的呼声越来越高。

面对这种情况，国内某电热合金材料企业开始研制能替代进口的电热合金材料。该企业一方面派技术人员深入客户了解产品特性需求，另一方面通过前沿守门人制度开展国际对标。通过对国际一流企业高端产品性能的多轮解析，该企业锁定了细分领域高端新产品开发的主攻方向，分别对标这家国际一流企业的四类产品，进而形成了自己的四个产品谱系。

方法二：突破传统认知，通过大胆想象设定全新目标。

突破传统认知，不遵循行业内的"公认"做法，而基于灵感和大胆想象提出全新且更优的技术方案来解决问题，是企业设定新质生产力标杆的另一种有效方法。很多时候，它需要企业家和科学家、工程师的灵光一现，甚至依靠不合常理的想象来设定更高的生产力目标。

下面来看一个企业的故事。

湖北三环锻造是一家从事汽车转向节研发、制造和销售的企业，锻造工艺是其主流技术。然而，我国的锻造工艺生产线最早是从苏联引进的，其工艺流程按照苏联教科书的要求，是一种典型的离散型制造布置：钢材下料→加热→锻造→热处理→抛丸→探伤，针对六个工艺流程各建一个车间，没有连成一体化的生产线。这种离散型制造的缺点十分明显：工序间衔接松散，闲置等待时间长；在制品多次转运，现场杂乱；车间级物流繁复，物流成本虚高；在制品丢失率高。最终导致整个工艺流程的生产效率低下，大大限制了规模化制造能力的发挥。

然而，即便存在很多问题，这套来自苏联的工艺布局仿佛一个定律不可撼动，国内极少有企业真正想去改变它。三环锻造的负责人张总同样发现了这个问题，一直在琢磨能不能做出改变。作为一名毕业于华中科技大学机械系的老大学生、一名在三环锻造工作近 40 年的老工程师、一名对企业经营管理有着独到见解的企业家，他一直充满着改革精神，有诸多创新想法。

在经过大量实地调研和业务交流后，张总创造性地提出利用新型的数字化技术和精益管理，打通离散环节间的阻碍点，对传统的六个离散型工艺流程进行有机连接，打造新型的全流程一体化工艺，用他的话来说就是形成"一个流"，以达到多品种、小批量、高质量的要求。这就是张总突破传统认知、给企业树立的一个更高的生产力标杆。一旦成功树立该标杆，就会大幅提升企业的生产力，带领企业迈入国际一流供应商行列。

方法三：开展超前未来研究，锚定新质生产力方向。

布局未来产业、开展超前的未来技术研究，虽然充满了不确定性，却是催生新质生产力的大舞台，这也成为不少企业设定新质生产力标杆的一种可行方法。

例如，马斯克的 SpaceX 公司的"星舰"计划，就是对人类航天理念和技术的一种革命性突破。"星舰"计划采用了全新的设计理念和技术手段，旨在降低太空探索的成本，提高载人航天的可靠性和安全性，最终实现移民火星的目标。

为什么"星舰"计划代表了新质生产力的标杆？单从它降成本的初衷就可见一斑。传统火箭的发射成本过高，星舰则是一种可重复使用的太空飞行器，具有大型货舱和载人舱，可以携带大量的货物和乘员，执行多种任务。试想，"星舰"计划一旦成功，将大幅降低发射成本，使很多遥不可及的太空梦变为现实，为人类的生存找到一条全新的道路，给人类的航天生产力带来巨大的跃升。目前它虽然尚未成功，但却已在创造历史的道路上。

事实上，除了"星舰"计划，我国针对下一代人工智能、人造太阳、脑机接口、量子计算等同样都在开展超前未来研究，同样是在为人类的生产力跃升设定新质生产力标杆。不得不说，每一种关于生产力的努力都是伟大的，每一种关于新质生产力标杆设定的方法都值得一试，只有这样，我们才能真正找到生产力突破的质变点和实现路径。下面就来看看围绕创新链寻找质变点的思路和方法。

第二节　围绕创新链寻找质变点

设定新质生产力标杆，让企业锚定了方向和目标，下一步则更为落地：企业要探索究竟从哪个点才能突破实现生产力目标，也就是找到那个关键的质变点。这是企业发展新质生产力的一大难点。

所谓质变点，就是让企业实现从量变到质变、大幅提升生产力的关键环节或触发点。一旦突破了这个环节，企业就找到了制约生产力发展的命门，通过强创新的方式，就能让企业从量变到达拐点进而产生质变，推动企业生产力的跃升。

那么，怎样才能找到这个质变点呢？

第一章提出的"四步法"（BPPA）模型已经告诉企业家，围绕创新链寻找质变点是一种可行的方法。那么，为什么围绕创新链就能找到质变点呢？因为创新链是解开三类问题的钥匙，这三类问题是：已知的已知，已知的未知，未知的未知。新质生产力的提出，恰恰明确地指向解决这三类问题。

下面需要企业家非常认真地阅读这几段话，并结合自身的情况进行思考。

——"已知的已知"，是指我们已经知道产品领域，也知道清晰的技术路线，只是暂时没有突破，但通过找准创新链的瓶颈环节，开展密集的技术攻关研发就可能达到目标。就像 14nm 以下的芯片我国目前暂且无法制造，但在未来通过自主研发一定能实现量产。

解决"已知的已知"问题后，企业就能实现转型升级，占领行业的高端市场，使自己的生产力迈上一个新台阶，这恰好对应了新质生产力概念中的"产业深度转型升级"。

——"已知的未知"，是指我们已经清楚产品领域和发展方向，但技术路线并不清晰，必须在创新链上持续试错和不断突破，这是新兴产业发展中经常出现的情况。比如，大家都知道电池是电动车的核心，电动车会加速替代汽油车。但是，未来固态电池是否会替代现有电池，纯电还是混合动力汽车会成为主流，都需要通过研发试错来寻求答案。解决"已知的未知"问题，会导致新的技术路线出现，不断推动创新链进行迭代升级。

解决"已知的未知"问题后，新兴产业就会快速发展壮大，生产力大幅提升，这恰好对应了新质生产力概念中的"发展战略性新兴产业"。

——"未知的未知"，则是指我们既不清楚产品领域，也不知道发展方向，更不知道技术路线的一种情况。此时，需要通过大量自由探索让思路逐渐清晰，这个过程需要耐心，更需要宽容失败，最终打造出一条全新的创新链。比如，量子计算就处在从自由探索到逐步落地、形成全新创新链的阶段。

解决"未知的未知"问题后，未来产业的形态和技术路线就会变得清晰，企业的生产力会迅速迸发，这就是新质生产力概念中的"培育未来产业"。

想想看，企业发展新质生产力背后面临的问题，不就是这三个方面吗？

没错，企业发展新质生产力的核心，就是要解决这三个问题。创新链恰恰为企业家提供了分析这些问题、寻找质变点的线索。

基于上述，企业寻找质变点至少有两种思路，一是寻找推动创新链从旧链跃升到新链的质变点，二是在已有创新链上寻找能够突破的质变点，详见图 3-1。随着时间的推进，企业突破了质变点后，生产力能级就会提升。

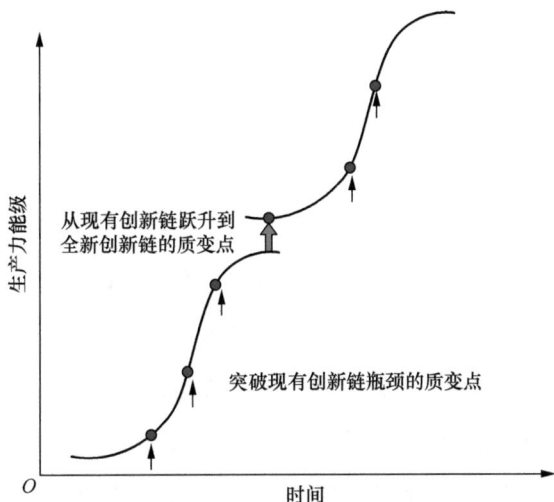

图 3-1　企业寻找新质生产力质变点的两种思路

思路一：突破现有创新链瓶颈的质变点。

这种寻找新质生产力质变点的思路，是通过寻找现有创新链上的关键瓶颈环节，进而找到生产力质变点的方法。比如，深入分析企业当前面临的"卡脖子"环节、打通创新链，就能找到新质生产力的质变点。再比如，引入数字化工具、人工智能技术或创新的管理模式，就能大幅提质降本增效、实现生产力跃升。这些方法、工具应用和企业变革背后的难点就是质变点。具体来说，有以下一些质变点。

质变点 1：前端技术瓶颈。这是指企业卡在了创新链的前端技术研发环节，包括基础研发、技术原理、技术路线等。一旦实现突破，就会使企业焕然一新。

质变点 2：产品开发瓶颈。这是指企业提升生产力的瓶颈不是在技术原理或技术路线等基础研发环节，而是在产品开发设计（如外观设计、功能性设计、可制造性和可装配性设计等）阶段。

质变点 3：生产工艺瓶颈。 这是指企业提升生产力的瓶颈卡在了生产工艺环节，严重影响了企业实现大规模、高质量的生产制造。从产品开发到工艺实现，是一个看似简单实则突破难度很大的环节。只有突破了生产工艺环节，企业才能从小试、中试顺利进入规模化量产阶段，生产效率和效能才能大幅提升。

质变点 4：关键装备瓶颈。 这是指企业提升生产力的瓶颈卡在了关键装备上。关键装备对企业生产力的影响，远远大于想象。我国很多企业在实验室里攻克了核心技术研发难题，但就是无法实现量产，关键就在于装备受制于人、没有实现突破。比如，有些企业早年从国外高价购买了被其淘汰的生产设备，但一直没能掌握生产技术诀窍，因为国外厂商对关键装备生产技术的长期封锁，企业面临生产持续未能达到预期产能的困境，原件配换都要好几个月。再比如，芯片制造离不开光刻机这一关键装备，但一台光刻机至少有 10 万个零部件，如果无法攻克这个难关，就会一直被国外厂商"卡脖子"。

质变点 5：核心数据瓶颈。 这是指企业提升生产力的瓶颈没有卡在基础研发或产品开发、工艺设备阶段，而是卡在了数据上。比如，对一些新材料科技型企业来说，数据的规模、质量等决定了企业研发设计能力的高低，进而决定了企业生产力的水平。一旦被国外数据库掐断数据来源，就会导致企业难为无米之炊，给企业的研发和制造带来巨大的影响。

质变点 6：关键材料和零部件瓶颈。 这是指企业生产力的提升卡在了关键材料或零部件上。比如，我国的高端电子测量仪器长期被国外垄断，部分高端仪器仪表对我国禁运，这严重影响了我国高端装备生产力的发展。再比如，我国以前无法生产圆珠笔的笔尖，因为其球座体用的是一种特殊钢材——"笔尖刚"，相关材料一直被德国、日本、瑞士的企业所控制，我国一直没有突破。这使得我国长期处于价值链的中低端环节，严重制约了整个行业生产力的提升。

质变点 7：软件瓶颈。这是指企业生产力的提升卡在了软件这个重要环节，尤其是国内企业的软件受制于国外厂商，每年上缴的升级费、关键模块的更新费让国外软件企业赚得盆满钵满。比如，商业航空发动机的软件、芯片设计软件等都会严重影响企业的研发制造的效率和质量，进而制约生产力提升。

质变点 8：管理变革点。这是指通过变革管理方法、推动组织创新、调整生产关系等实现企业生产力的提升。比如，通过将传统雇佣制改为合伙制，可以形成利益共同体和命运共同体，从底层激发创新人才的积极性和活力。再比如，企业通过打造开放型创新生态，可以迅速汇聚众多内外部资源并将其捏合起来，打通创新链条的堵点、痛点，实现生产力的跃升。

需要特别指出的是，不同企业的质变点不同，即便处于同一行业，其质变点也可能不同，企业要根据自身情况准确判断质变点。

思路二：从现有创新链跃升到全新创新链的质变点。

这种寻找新质生产力质变点的思路，不受现有创新链的思维制约，而是换了一套规则，把眼光放得更远、更高、更广，通过打造一条全新的创新链，实现创新链的替代升级，甚至创造出前所未有的全新技术、产品和产业。

通过这种思路找到的质变点，是革命性技术突破、颠覆式创新和底层逻辑创造的集中爆发点，其创新程度最高。人们面对的是"未知的未知"和"已知的未知"这两种情况，要么产品领域、发展方向和技术路线都未知，要么产品领域和发展方向已知，但技术路线未知。

具体来说，企业可以寻找以下三个质变点。

质变点 1：创造全新科技范式。这是指企业提出全新的技术原理，或通过基础研究得到全新的科学发现，进而创造出具有全新科技范式的产品领域与技术路线，直至形成一个全新的产业。企业创造全新科技范式，由此产生生产力跃升的质变点。这是新质生产力的最高境界，难度最大。

质变点 2：开辟新的技术路线。这是指企业在已有的产品领域开辟出一条不同于传统技术路线的新技术路线，以更低的成本、更高的效率、更好的质量、更低的能耗，提供高附加值和有竞争力的产品，由此实现生产力的跃升。企业开辟新的技术路线，由此产生质变点，它的要求和难度很大。

质变点 3：拓展新的领域赛道。这是指企业通过技术创新、产业创新或模式创新，利用数字化、智能化、绿色化技术，开拓新的业务领域或细分产品赛道，进而实现生产力的跃升。企业找到新的业务领域、开拓新的赛道，由此产生质变点。

企业的质变点众多，如果非要总结的话，可以把它们归为四类：科技源头的质变，业务结构的质变，生产方式的质变，管理手段的质变。寻找质变点是企业发展新质生产力中的关键一步，一旦找错，就会是方向性的错误，所以必须认真谨慎做判断。企业家可以按照上面介绍的两大思路，仔细对照自己的企业，看看自己生产力跃升的质变点究竟在哪里。

第三节　确定新质生产力的实现路径和配置资源

企业在找到生产力跃升的质变点后，必须有一个从量变到质变、实现它的过程，这就是新质生产力的实现路径。当然，不同企业面临的实际情况不同，选择的新质生产力实现路径也各不相同，核心是要找到适合自己的路径。

基于对大量企业案例的分析和质变点的研究，我们发现，企业主要有以下四类新质生产力实现路径。

路径 1：科技开辟型生产力路径。

路径 2：创新升级型生产力路径。

路径 3：深度赋能型生产力路径。

路径 4：管理变革型生产力路径。

所谓**科技开辟型生产力路径**，就是企业通过创造新的科技范式、发现新的技术原理、开辟新的技术路线、拓展新的领域赛道，打造未来业务的增长点，培育新兴业务模式，进而形成新质生产力的实现路径。

所谓**创新升级型生产力路径**，就是企业打通创新链堵点，通过研发、工艺、装备、数据、软件等关键环节的显著提升，实现企业深度转型升级的新质生产力路径。

所谓**深度赋能型生产力路径**，是指通过人工智能技术、绿色化手段等的深度应用和场景创新，帮助企业大幅提升效率、效能、效益的新质生产力实现路径。

所谓**管理变革型生产力路径**，是指通过组织变革、劳动关系优化、新型激励分配模式应用等方式，帮助企业释放巨大的潜在生产力，进而形成新质生产力的实现路径。

企业确立自己的新质生产力实现路径，必须"因企制宜"。因此，对于这四类新质生产力实现路径，有几点需要特别说明，希望能引起企业家的重视和思考。

第一，这四类新质生产力实现路径没有好坏之分，只要是符合企业的实际情况，就是最优选择。比如，很多传统企业没有能力去开辟新的技术路线、创造新的科技范式，就老老实实在自己的行业中，通过突破现有创新链的瓶颈走向行业价值链高端，或通过强创新进行深度转型，同样可以形成新质生产力。

第二，企业既可以选择某一类新质生产力实现路径，也可以同时选择几类路径。比如，有一些能力强的企业，可能既进行数字化深度赋能，也开展深度的管理变革，最后的目标是形成新质生产力。

第三，无论企业选择了哪类新质生产力实现路径，都需要经历大量试错，更需要进行深度的改革，这势必触动传统利益格局，也会让所有人的思想经历洗礼和冲击，难以避免会带来阵痛。但这是形成新质生产力的必经之路，必须挺过去，才能见到彩虹。

在确定了适合自己的新质生产力实现路径后，下一步就是进行资源配置，重点是从新型劳动者、新型劳动资料和新型劳动对象的"新三劳"角度进行配置和优化。

（1）企业提升劳动者素质、优化劳动者结构

未来企业的发展，不再需要大量以简单重复型劳动为主的传统体力劳动者。企业要打造新质生产力，就必须拥有更多具有创新和前沿思维、掌握现代化专业技术、适应高端先进设备、具有知识快速迭代能力的应用型人才，包括引入大量虚拟智人、数字人，形成人机一体的新型劳动者群体，这将显著提升劳动者素质并极大优化劳动者结构。更重要的是，企业还要着力培养、引入有创新和前沿思维的战略科学家、科学企业家和创新型高管，包括选拔和培养一批极具活力的内部创业者，他们具有创造性思维和经营管理能力，能对新质生产力所需的相关资源进行组合优化。

比如，华工科技公司在填补高端激光器领域的业务空白点时，直接从海外引入全球顶尖的激光器领域科学家，同时配备现代化的激光器孵化器与大规模生产线，快速突破了激光器国产替代的关键技术和生产瓶颈，形成了我国在高端激光器领域的新质生产力。

（2）企业对新型劳动工具的引入、升级和深度应用

企业新质生产力的形成，必须在新型劳动工具上下大功夫。新型劳动工具至少包括两方面：一是现代化的通用工具和手段，如数字化技术、人工智能算法模型、云计算、智能传感器、工业互联网、智能化软件等；二是本行业内的专业技术装备和工具的升级。

比如，中复神鹰（上海）科技有限公司为了实现高性能碳纤维的规模化生产和批量供应，必须打破日本、美国对干喷湿纺技术和装备的长期垄断。为此，该公司引入物联网、大数据、云计算等新一代信息技术，与先进自动化技术、传感技术、控制技术、数字制造技术相结合，形成分散控制系统、数据采集、制

造执行系统、企业资源计划系统、私有云平台5个层级的智能化系统，打造了万吨级碳纤维智能工厂。经过智能化劳动工具的引入，该公司积累了大量的试验数据，通过对实验结果精细化的规律分析，掌握了高性能碳纤维生产的大量技术参数，最终在国内率先实现了干喷湿纺的关键技术突破和核心装备自主化，成为全球第三家自主掌握干喷湿纺技术的企业，建成了具有完全自主知识产权的千吨级干喷湿纺碳纤维产业化生产线，达到国际先进水平，成功进入欧、美、亚等市场，成为全球最具影响力的碳纤维供应商之一。

（3）企业引入和建设新型基础设施

对企业形成新质生产力来说，最重要的新型基础设施有三类：算力基础设施，新能源基础设施，新型通信基础设施。这三类新型基础设施是在当今科技、产业和认知迅速发生颠覆性变革的时代，必须拥有的基础设施。这很类似于当年互联网时代来临时，企业接入互联网的稳定性、速度、带宽，以及是否有专线等，决定了企业的"网力"，进而大大影响了企业的生产能力。在人工智能时代，企业的算力基础设施同样会影响自身新质生产力的形成。

（4）企业对新型劳动对象进行资源配置优化

企业要形成新质生产力，要把重点从传统的实物劳动对象，转向数实共生的新型劳动对象，包括大数据、知识信息和新型原材料、虚拟空间世界等。这需要企业从传统的思维框架中跳出来，从劳动者、劳动工具等方面进行资源的优化配置，提升对新型劳动对象的适应能力。

比如，某公司为了实现产品从低端到高端的升级，彻底抛弃了传统"盲人式"的粗放生产管理，转而利用数字化手段对生产过程进行精准控制和精细管理，这使得企业从关注传统的实物产品转向关注生产过程的大数据。公司搭建了私有云平台，实现了设备级－生产线级－车间级－企业级数据与信息的采集、汇集及高效存储。同时，公司采用大数据挖掘寻优技术，在产品研发、需求订单、计划排产、调度过程、制造执行和产品交货等主要阶段，都形成了智能化生产、数字化管理的标准化流程。深度挖掘和分析工艺过程数据、能源管理数据、产品质量数据等海量数据，寻找设备与生产线的最佳运行参数及能耗的基本规律，从而降低运行损耗，提高生产效率，提升产品品质。

　　本书第四章至第七章将聚焦在新质生产力实现路径上，分析大量企业案例，从中我们能更真切地感受到企业在形成新质生产力过程中的艰辛与不易，更能收获经验和教训。

第四章

科技开辟型生产力路径

——用颠覆式创新，
瞄准全新赛道和未来产业

生产力无止境亦无边界，要不断去开辟和创造。从依靠人力到马力，从蒸汽机的出现到电气时代的来临，从互联网革命到智能化浪潮的兴起，生产力一直在以指数级的速度发展，而推动生产力发展的驱动力也一直在被颠覆。在生产力的世界里，颠覆才是硬道理，它的同义词就是开辟。开辟科技新范式，开辟技术新路线，开辟新领域新赛道，开辟一切人类能想象出来的星辰大海。

新质生产力首先是一种开辟型生产力，既包括无中生有的创造全新科技范式，也有另辟蹊径的开辟全新技术路线，还有发掘蓝海的新领域新赛道。不管选择哪一条路径，背后都要经历"新三劳"的改造升级。下面就通过案例分析企业是如何让开辟型生产力落地并使其变为现实的。

第一节　创造全新科技范式：无中生有

"范式"这个词听起来有些晦涩，似乎离我们很远，但了解其内涵后，你就会明白其实它与我们息息相关。

1962年，美国科学哲学家托马斯·库恩在《科学革命的结构》一书中首次提出"范式"的概念，此概念便迅速向各领域扩散。范式通常指一种发展模式，包括观念性的思考框架、实践体系和方法论。范式变革不仅仅是某个行业的小打小闹，而是从根本上改变了我们对某个领域的认知和看法。想象一下，你突然发现自己身处的世界被彻底翻转，那些习以为常的事物突然变得陌生而新奇，这就是范式变革带给我们的冲击和魅力。

范式变革，既让社会生产力"大跃进"，也让个人生产力"小提升"。

范式的变革不仅仅是一场打破旧规则和框架的变革，更为我们带来了发展新质生产力的全新视角和可能性。在这个过程中，一些领先企业敢于"吃螃蟹"，敢于"反共识"，敢于"出新招"，通过创造新产品、开辟新市场，进而带动整条产业链和整个消费群实现生产力的跃升。

苹果公司就是一个持续开辟新范式的企业，1977年推出全球第一款个人计算机，1984 年第一个推出图形界面的计算机，2007 年发布 iPhone 开启了智能手机时代。iPhone 的出现被认为是移动互联领域的重大范式革命，因为它不仅改变了人们对手机的认知和使用方式，更重要的是给整个科技行业乃至社会生产力和生产方式带来了深刻影响。

重新定义了手机的概念。在 iPhone 之前，手机主要是一种通信工具，用于打电话和发送短信。iPhone 的出现，将手机从单一的通信工具转变为综合性的个人数字助手。由于整合了通信、娱乐、信息、工作、支付等多种功能，如今，智能手机成了人们生活中不可或缺的一部分。

改变了新产品的设计理念。iPhone 的设计始终以用户为中心，追求简约、流畅、直观的操作体验。从初代 iPhone 的电容屏和多点触控技术，到 iPhone X 的全面屏和 Face ID，再到 iPhone 13 的环保设计和性能提升，苹果公司始终保持着设计的领先地位，不仅创造出了美观的设计，也给用户带来了更优质的体验。同时，iPhone 的设计还引发了其他厂商纷纷效仿，推动了整个行业的设计创新。

开创了移动应用的开放生态。在 iPhone 出现之前，包括诺基亚的塞班系统、黑莓系统等在内的系统都是封闭的系统，系统上的软件体系几乎都是由手机厂商内部的软件研发部门所把控，外部的软件开发商很少能够介入。苹果公司的 App Store 是全球第一个开放式软件生态体系，简化了开发过程，降低了参与门槛，为移动生态的繁荣发展奠定了基础。

引发了多领域的智能化变革。iPhone 的诞生让整个世界围绕智能手机"重组"了一遍。iPhone 对全球的影响还并不局限于智能手机市场。iPhone 的出现，使得移动计算成为可能。通过触摸屏和直观的操作系统，用户可以轻松地在手机上进行各种复杂的操作。如果没有 iPhone，今天我们可能还看不到无人机、智能家居、可穿戴设备和自动驾驶汽车等产品。

iPhone 自 2007 年首次发布以来，一直是苹果公司最畅销的产品之一，为其带来了巨额的利润，使苹果公司跃居全球最有价值的公司之一，并持续保持着科技行业的领先地位。2023 年，苹果公司的市值增加了 1 万亿美元，再次突破 3 万亿美元大关，主要原因在于全球消费者对 iPhone 的需求旺盛。据统计，2023 年 iPhone 的业务营收超过 2000 亿美元。

同时，iPhone 凭借其独特的设计、卓越的性能和丰富的功能，赢得了全球消费者的喜爱和认可。这使得苹果公司品牌知名度大幅提升，成为全球最具影响力和知名度的科技公司之一。除了 iPhone 本身，苹果公司还销售 Mac、iPad、Apple Watch 等其他产品。iPhone 的成功使消费者更加倾向于购买苹果公司的其他产品，从而推动了这些产品的销售。

iPhone 引发的范式变革传导速度极快，几乎没有遭遇多少阻力。究其原因，除了以乔布斯为代表的苹果团队勇于尝试、持续推动创新之外，还在于智能手机真正契合了移动互联网时代人们的偏好与需求，在于支撑智能手机的底层技术已成熟。

SpaceX 是另一个范式变革的经典例子。该公司成立于 2002 年，致力于制造并向太空发射火箭，成立之初，公司面临的最大问题是"成本"。美国国家航空航天局向波音公司采购了用于发射卫星或宇宙飞船的大型运载火箭，单次发射成本高达 16 亿美元，这在很大程度上阻碍了美国国家航空航天局向外太空进行探索的进程。那么，埃隆·马斯克又是如何解决这一重大难题的呢？

"运载火箭只能一次性使用"，这在传统的火箭运载技术中基本是"行业共识"。马斯克围绕成本问题探索出了一条"反共识"的道路，他认为，如果另辟蹊径，采用可重复使用的火箭发射，则可以节省巨额的成本。他投入巨资并经历多年的艰苦研发，在一次又一次推迟发射与试飞失败、面临现金断流的情况下，SpaceX 终于在 2018 年实现了可重复利用的猎鹰重型火箭的成功试飞，这让火箭单次发射成本从 16 亿美元降到了 9000 万美元，只有传统一次性运载火箭成本的 5%。这一技术革新不仅提高了航天发射的可持续性，而且为未来的太空探索提供了更经济的途径。

　　除了首创可重复使用火箭技术外，SpaceX 还打破了传统上由政府主导的航天产业格局，通过私有企业推动航天技术的发展。这一变革使太空探索变得更为灵活、迅速且富有创新精神，证明了商业公司可以像传统的政府机构一样执行复杂的太空任务，在某些情况下更加高效且富有竞争力。从经济效益看，SpaceX 2023 年的营收超 80 亿美元，2024 年预计将增长到约 150 亿美元，公司估值已达 2000 亿美元左右，成为全球罕见的私营"百角兽"之一。

　　如果说 iPhone、SpaceX 改变了美国，改变了世界，那么可以说腾讯推出的微信则深刻地改变了中国。回首过去的十多年，微信确实给我们的生活带来了全方位的影响。

　　说起微信，先要从国外的一个 App 讲起。2010 年 10 月，加拿大的一家公司发布了一款 App，叫作 Kik Messenger。这款 App 的主要用途是当用户通过手机号码注册后，会自动匹配用户手机通讯录中的好友，并可进行在线短信聊天。这在今天看来似乎并没什么，但当时人们一般通过邮件沟通，即便是聊天软件，用的也是虚拟的号码。因此，Kik Messenger 发布 15 天便吸引了 100 万用户，成为名副其实的互联网爆品。

　　当 Kik 在国外流行时，一直负责腾讯 QQ 邮箱开发运营工作的张小龙坐不住了，他立刻给腾讯 CEO 马化腾发了一封邮件，建议公司开发自己的移动端社交产品，马化腾很快便同意了这一建议。2010 年 11 月，在广州，由张小龙主导的微信产品小组正式组建。经过两个月的奋战，2011 年 1 月，微信 1.0 发布，那个时候的微信还很简陋，只支持文字发送，刚开始用户数增长很缓慢，导入的用户是 QQ 联系人，后来增加了手机通讯录匹配功能。2011 年 5 月，微信 2.0 发布，支持语音发送，用户数开始迅速增长，这之后，微信的发展就势不可当，如今已成为用户数超过 10 亿的国民应用，而且早已超出了最初的通信、社交范畴，成为与用户的生活和工作息息相关的超级 App。

微信之所以能成功，首先在于其精准的产品定位。从一开始，微信就定位为一款提供即时通信服务的社交媒体平台。这一定位满足了当时市场对此类产品的需求，使微信迅速获得了用户的青睐。其次是其友好的用户体验。微信界面简洁明了，操作简单易懂，用户能够快速上手并享受使用的乐趣。最后是其强大的社交属性。用户可以通过微信与朋友、家人、同事等进行即时通信，分享生活点滴，建立和维护社交关系。这种社交属性使得微信具有很强的用户黏性，用户愿意长时间使用并将其分享给身边的人。

这些特点让微信引领了一系列变革，使运营商的传统通信业务（如短信、语音甚至国际电话业务）受到了很大的挑战。同时，微信改变了人们的社交方式。通过即时通信、朋友圈分享、公众号阅读等功能，人们不再仅依赖传统的电话、短信或电子邮件进行沟通，而是可以通过微信进行更加便捷、即时和丰富的社交互动，从而促进了社交广度和深度的提升。信息传播方式也因微信发生了重大变化，传统的信息传播方式往往依赖新闻媒体、电视广播等媒介，而微信公众号、朋友圈等功能的推出，使得每个人都可以成为信息的发布者和传播者。通过提供支付、小程序等功能，微信还推动了商业模式的变革。传统的商业模式往往依赖实体店面或电商平台，而微信则使商业模式更加灵活、多样，商家可以通过微信进行线上线下的融合，提供更加便捷、个性化的服务，同时也可以更好地与用户进行互动和沟通。

商业领域开创全新范式的例子还有很多，比如，虽然福特本人并没有解决马车的问题，但福特公司生产的汽车却让马车的问题变得无关紧要。再比如，人工智能领域非常火的 OpenAI 坚信，模型只要足够深，用数据加上算力，通过一个高效的训练体系，就能无止境地探索通用智能，从而实现从分析式智能到生成式智能的跨越。

事实上，在这些创新发生之前，人们曾对行业的固有观念、信仰、假设乃至那些潜藏在深处的教条习以为常，以至于成了难以逾越的认知盲区。然而，过去企业创新的经历告诉我们，正是对这些旧有共识的勇敢质疑，以及对新认识的不断突破，才成为推动范式变革的强大引擎。解决认知盲区的问题，特别是那些深层次的、根本性的问题，往往蕴含着巨大的范式变革和创新机遇。在新一轮科技革命浪潮中，颠覆性技术如雨后春笋般涌现，企业所面临的竞争环境也愈发模糊、非线性、指数性和生态化。在这样的背景下，只有积极推动范式变革，企业才能锻造出持续的创新能力和全球竞争力，才能为社会打造强大的新质生产力。

第二节　开辟全新技术路线：另辟蹊径

什么是技术路线？通俗地说，就是你做一件事情的具体路径和实现方法，"条条大路通罗马"说的也是这个意思。每一条通往罗马的路，就是一条技术路线。不同的人会选择不同的路线，但最终目标都是到达罗马。就像如今的新能源汽车同时有多条技术路线——纯电动路线、增程式路线、氢动力路线，新能源电池也同时存在锂电池、燃料电池、固态电池等多条技术路线。

所谓开辟全新技术路线，是指在行业公认的主流技术路线之外，采取一条不同的新技术路线、形成相应的产品并推向市场的过程。这是出其不意的一招，但也是非常冒险的一招，它对企业的基础研发、技术攻关和产业链配套能力要求很高，而且难度很大，成功概率很低。可一旦成功，企业便为自己开辟了一片全新的天地，用勇气和智慧避开与行业领先企业的正面竞争，并可能最终超越曾经的行业龙头企业。

正因为新技术路线蕴含的巨大潜在红利，也因为原来技术路线强大的锁定效应和进入壁垒，行业的新进入者愿意冒险尝试这种方式，去创造一种新的生产力。越来越多的中国企业正在这条发展新质生产力的道路上躬身试错、奋勇前行。下面来看一个案例，就是采用醇氢动力新技术路线的吉利远程商用车。吉利远程用自己的创举，在行业内掀起了新的生产力风暴，让同行刮目相看，树起了一面飘扬的创新旗帜。

人们对吉利汽车的固有印象是一直生产轿车，也就是乘用车。当吉利集团进入新能源商用车赛道时，人们猜测它究竟会走什么样的路线。果不其然，吉利集团在主流的纯电动技术路线外，开辟了一条醇氢动力的全新技术路线，并在集团旗下专门成立了子公司——吉利远程来专门具体负责。这样的选择绝非贸然行事，而是对内外部大环境审视抉择的结果，既有勇气，更有智慧，还有经验，体现在以下四个方面。

一是对未来新能源形态的认知。吉利远程在对新能源本身进行跟踪分析后认为，虽然氢能是人类最终的能源解决方案，但气态的氢易燃、易爆、活性高，不易存储和运输，甲醇以液态存在，低成本、高安全、利储运，被认为是氢的最佳载体。液态的氢和清洁的煤、便宜的油、简装的气、移动的电一样，是全球公认的新型清洁绿色能源。因此，利用甲醇作为商用车的动力来源，具有可行性。

二是没有历史负担的低转换成本。客观地说，并非只有吉利远程一家企业发现了甲醇作为商用车动力来源的可行性，但吉利远程拥有另一个优势，就是极低的转换成本。转换成本是遏制企业创新的"大杀器"，转换成本过高，会导致企业"船大难掉头"，一旦转换原来的技术路线或进入新的领域，过去的大量投资、设施设备很可能都打了水漂。吉利集团之前并没有进入过新能源商用车赛道，因此在这方面它"一身轻"。更重要的一点是，吉利集团对当初遵循传统技术路线进入燃油车领域展开同质化激烈竞争颇有心得，体验过在绝境中杀出一条血路的辛苦，那么何不尝试一条新路？即便不成功，也不至于伤筋动骨。

三是曾经的乘用车技术积累给了吉利远程很大的底气。吉利集团之前已经深耕甲醇研究 19 年，拥有丰富的甲醇科研成果及醇氢动力技术经验积累。在此基础上，吉利远程才有底气大力投资打造"绿色甲醇→液氢燃料→醇氢动力"这条不同于纯电动的商用车新技术路线。

四是对商用车应用场景和客户需求有精准的把握。如今，人们普遍关注的

是新能源乘用车在换电和续航里程方面的痛点，殊不知商用车的应用场景对新
能源车提出了更高的要求。吉利远程通过前期市场调研发现，公路商用车的续
航里程长、电池容量人，普通充电技术难以维系，客户抱怨多但又没有解决方案。
怎么办？必须寻找新的技术路线，推进产品研发和产业化落地。

　　经过通盘考虑，吉利集团高层在确定进入新能源商用车领域后，就下定决
心走一条全新的技术路线，这恰恰是吉利远程在新能源商用车领域区别于其他
车企的最大特色，确立了企业的新质生产力标杆，同时也是吉利远程形成新质
生产力的关键质变点。

　　新质生产力往往就是在这样的情形下形成的。然而，让一条新的技术路线
落地形成新质生产力绝非易事，吉利远程通过对劳动者、劳动工具和劳动对象
的改造升级，走出了一条从全场景产品设计到技术研发爆款产品再到打造"商
联网"生态的产业化之路，解决了以下四大难题。

第一个难题，是如何对新技术路线进行高效研发。

　　采用新的醇氢技术路线，意味着没有历史数据，缺乏试错过程，一切都要
摸着石头过河，难以保证研发周期、研发效率和研发质量等。此时，研发体系
搭建得是否健全，就成为产品规划能否落地的关键一环。

　　自己没有数据，谁有？号称"最强大脑"的吉利中央研究院有；自己没有试
错经验，怎么办？吉利远程自建新能源商用车研究院，从全球引入高端研发人才。
这其实是吉利远程对新型劳动者和新型劳动对象的适应性改造升级。

　　正是基于这样的思路，吉利远程搭建了两级研发体系：一方面，自力更生，
在杭州钱塘新区建立了国内最大的新能源商用车研究院，下设轻型商用车中心、
动力传动中心、智能电子中心等九大中心，以及 40 多个专业部门，汇聚了全球
超 2000 名研发工程师，专门聚焦商用车新能源化、智能化技术以及全新一代绿
色智能商用车产品的研发；另一方面，站在巨人的肩膀上，利用内部技术溢出，
将吉利中央研究院的数据和技术能力纳入自己的研发体系，共享研究院过去在

乘用车和醇氢动力技术研发中积累的大量试验数据、技术经验，大幅缩短研发周期，提升研发效率和质量。

从"新三劳"的角度分析，吉利远程就是通过充分利用集团的中央研究院的数据和技术能力以及自建新能源商用车研究院两种方式，解决了新型劳动者培养的难题。

第二个难题，是如何打造基于新技术路线的爆款产品。

吉利远程意识到，采用新的技术路线会导致用户对新能源商用车的关注点和需求发生变化，这恰恰是打造爆款产品的时机。为此，吉利远程形成了实用的产品研发"五化"法，即绿色能源多元化、产品平台模块化、产品智能互联化、整车质量轻量化和前瞻技术产业化，以此满足不同场景、不同工况下客户对产品的适配需求。

比如，在产品平台模块化中，吉利远程基于 GMA、GTA 两大模块架构平台对全系产品进行打造，通过变形模块的扩展开发满足产品的差异化需求，既实现了研发效率的显著提升，又大幅降低了制造环节的复杂度。再比如，为落地产品智能互联化，吉利远程基于乘用车的理念，确立了"智能驾驶保安全、智慧座舱享体验、智能联网提效率"的目标，通过安全前碰撞预警、自动紧急刹车、车道偏移预警等功能，减少事故发生率，同时打造商用车智慧座舱，提升舒适体验，还通过车联网整合生态各环节提供高效率的全场景服务。

从"新三劳"的角度分析，这是吉利远程在对新型劳动工具进行深度开发，摸索方法，以满足新产品的需求。

第三个难题，是如何规划基于新技术路线的产品系。

一条新技术路线是否成功，最终要体现在产品上，而且通常要打造多个产品，构成产品系，才能真正凸显其优势。但是，技术只是实现产品的手段，市场才是决定产品的根基。

于是，在规划产品系时，吉利远程奉行"一切从市场出发"这一原则，通过对车辆使用场景的调研和分析，将新能源商用车分为四大类：一是以干线物流、支线物流、城配物流为特征的物流运输类；二是以城市公交、城建客运、通勤运营为特征的公共交通类；三是以市政服务、道路保洁、垃圾清运为特征的公共服务类；四是以城市建设、港口作业、矿山作业、机场作业为特征的特定场景类。对于应用在这些场景中的商用车，又根据车辆载重或车身特性分为重卡、轻卡、小微卡、VAN、客车五大系列，不同系列满足客户不同运力、不同场景的使用需求。

这种以使用场景为基础的精准产品定义，从一开始就帮助吉利远程找准了客户真正的需求，进而有针对性地规划出覆盖城市商用车、公路商用车的全系商用车产品，可谓一网打尽，为生产力形成落地闭环打下了良好的基础。

从"新三劳"的角度分析，吉利远程针对新型劳动对象进行了精心的规划和研究，形成了目标市场清晰、场景应用准确的新能源商用车产品系列。

第四个难题，是如何形成新技术路线的商业闭环。

任何新技术路线的应用、任何生产力的形成，最终都要以是否有市场订单、是否有竞争力作为是否成功的检验标准。吉利远程的醇氢技术路线也不例外，这就涉及如何打造商业模式、形成商业闭环的问题。其实，吉利远程不是不能采用传统车企的商业模式，但它总想玩出一点儿花样来，灵感就源自营销学里一条常被大家忽略的"产品效用"法则：用户需要的不是产品本身，而是产品带来的效用。就像客户买商用车不是为了车本身，而是利用车来获利。因此，从产品效用出发而不是从产品本身出发，企业就能大大拓展传统的商业模式。

吉利远程就是基于这种思路，抓住新能源商用车营销以及客户使用过程中的运力和物流两大痛点：针对运力痛点，打造了绿色慧联、万物友好、醇氢科技三大运力平台；针对物流痛点，构建了"车与货、车与能源、车与环境"三大协同模式，最终形成适合自己的全新商联网。

什么是商联网？传统车企只通过卖车赚取利润，但吉利远程不仅卖车，还向产业链上下游延伸，向上游制氢、向下游租车、换配件、充电、提供城市配送，几乎无所不能。吉利远程从一个制造商，把自己成功转变为一个产业链生态的打造者，这就是车联网的核心要义。

比如，为了实现上游制氢的目标，吉利远程全资设立了浙江醇氢科技有限公司。这家公司的任务，就是与资源禀赋优异的地区和企业合作，引入吉利二氧化碳捕集＋氢气耦合制蓝醇、绿醇的技术联合制醇。你有没有发现，吉利远程制氢，相当于汽车制造企业把中石油、中石化这些能源公司的活给干了。

再比如，吉利远程发现很多卡车车主更愿意租车而不是买车，这样可以降低用车的总成本。发现车主的租／购车痛点后，吉利远程专门打造了"慧联租车"平台，通过灵活多样的新能源物流车租赁服务，为客户解决城市物流全品类的用车需求，大幅降低用车成本。

吉利远程后来又发现，新能源商用车有使用频率高、使用寿命较短的痛点，于是又打造了"慧联车服"平台，专门为客户提供新能源物流车使用过程中更换件、易损件以及保值回购等服务——吉利远程又一次把以前由修车铺或4S店干的事给干了。更有甚者，吉利远程还瞄准了国内城配物流，开展了城配物流业务创新，提供直采运力、合同物流和共建运力三大解决方案，协同经销商寻找和签订稳定的货源。

模式的差异背后，就是认知的差异。以吉利远程的租车业务为例，不同于一般租赁公司简单的出租模式，也不同于经销商一次性的车辆买卖模式，吉利远程的绿色慧联将车辆租给用户是业务的开始，后续又把业务延伸到用户车辆使用的全生命周期中，通过将业务链拉长，在每个节点发现用户需求，满足用户需求，最终形成一种全链条的业务模式。这种模式的链条越长，与用户的黏性就越强；节点越多，盈利点就越多，抵御市场风险的能力就越强。不得不说，很少有企业用这样一种方式造车，吉利远程开创了一种以生态网络方式推动绿色甲醇汽车发展的独特模式。

吉利远程为什么要这么干？

其实不难理解。因为吉利远程选择了新的技术路线来发展新质生产力，前无古人，必须找到适应新质生产力发展的配套生产关系才行。吉利远程构建了一套完整的产业化落地商业模式，真正将新技术路线转化为新质生产力。这套模式的精髓就在于打造了长链、多触点、慢生意的"商联网"，能持续引导市场接受吉利远程的新能源商用车，由此创新了新能源商用车的销售途径，使醇氢清洁能源的全新技术路线实实在在地转化为市场订单和新质生产力。

新技术路线一旦落地，商业模式一旦闭环，必将为企业带来先发优势。吉利远程开辟的醇氢清洁能源全新技术路线，如一阵春风吹入行业。2023 年 5 月，吉利远程的第 15 万台新能源商用车下线，成为全球首个达成这一成就的新能源商用车品牌。2020—2022 年，吉利远程新能源商用车销售量、市场占有率增长迅猛，销售复合增长率达 219%，市场占有率跃居行业第一位。其中，新能源轻卡与微面（即"微型面包车"）产品的市场占有率遥遥领先，稳居行业第一。

除了经济效益，吉利远程通过搭建全新的醇氢生态平台，迈入了以二氧化碳捕集 + 风光绿电制氢气的绿色甲醇 3.0 时代，在线运行的新能源商用车已累计减碳 448 万吨，每年可实现减碳 216 万吨，生态效益亦十分显著。

有科技突破，有模式变革，有生态效益，吉利远程所做的事，不正是新质生产力的最好写照吗？

从吉利远程的案例可以发现，通过开辟新的技术路线形成新质生产力，不仅需要企业的勇气和胆识，更需要企业的能力支撑和持续试错机制。谁能扛得住其中的压力，谁能让技术路线与市场需求完美结合，谁能持续让勤劳的双脚走在正确的道路上，谁就有可能摘到新质生产力的胜利果实。

第三节　拓展新领域新赛道：发掘蓝海

利用突破性、革命性的科技手段，超越当前业务，向新领域新赛道进军，发掘新的蓝海市场，获得转型红利，是企业发展新质生产力的另一条有效路径。

这种新领域新赛道通常不是凭空出现的，而是与企业有密切关联：要么是业务关联，要么是能力关联，要么是资源关联。比如，不少传统制造业企业在发展到成熟阶段后，会将企业在产品制造过程中形成的能力转化为增值服务或解决方案能力，从卖产品升级为卖服务，从而获取更高、更绿色的附加值，这就是拓展新领域新赛道。当年的陕西鼓风机集团、杭州锅炉等龙头企业就采用这种方式，成功实现了企业的转型升级。

如今，越来越多的制造业企业在智能化的道路上一路高歌，智能制造成为企业的标配。然而，有的企业并不满足于智能技术对原有产品制造主业的赋能，还在利用智能技术转向新的高端服务赛道。徐工集团的数字孪生智能服务就是一个典型例子。

数字孪生是一种新型的数字化工具，它利用物理模型、传感器更新、运行历史等数据，集成多学科、多物理量、多尺度、多概率的仿真过程，在虚拟空间中完成映射，从而反映相应的实体装备的全生命周期过程。数字孪生在智能制造中的应用，会给企业带来怎样巨大的生产力机会？它又会给企业的劳动者、劳动工具和劳动对象带来什么深刻的影响？效果如何？让我们来看看徐工集团的故事。

徐工集团工程机械股份有限公司（以下简称"徐工"）是我国工程机械行业规模最大、技术水平最高、出口量最大的千亿级龙头企业，位居全球行业前3位，产品覆盖14个门类、39个产业、700多个品种规格，11个主机产品的市场占有率稳居国内行业第一，其中移动式起重机的市场占有率稳居全球第一，成套桩工机械、混凝土机械、筑养护机械的市场占有率位列全球第一阵营。

既然产品制造方面已经做到行业第一，徐工为什么又开始转向高端服务呢？其实，这恰恰是成功者的烦恼，也是可持续发展的隐忧。

徐工的领导基于对行业规律的研判认为，在工程机械行业，当主机的增量销售市场出现下滑时，意味着产品市场开始趋于饱和，后市场服务的收益就成为企业"活下去"的重要保障，也是穿越行业周期的关键点。我国工程机械行业的后市场规模庞大，截至 2020 年底国内工程机械主要产品的保有量已超过 900 万台，其中挖掘机约 220 万台，装载机约 140 万台。这意味着庞大的后市场机会将推动整个行业步入拼服务的新阶段。更重要的是，人工智能、大数据、数字孪生和物联网等新一代信息技术在制造业服务领域得到广泛应用，用户精准画像、失效预测、预测性维护、市场分析等场景应用日趋成熟，大大降低了原来成本很高的后市场服务的门槛，使得这些服务的提供变得越来越可行。

面对新的行业发展趋势，考虑到企业的长远发展，徐工做出了果断决策：从数字孪生切入，打造围绕工程机械产品的高附加值智能服务。事实上，这种选择与徐工的产品特点密切相关。工程机械属于 to B 产品，单价高、技术复杂、备件贵，需要精心养护、实时监测、采集数据、快速诊断，专业性很强。数字孪生技术恰恰可以满足工程机械产品后市场服务的这些特点。

在这样的思路指引下，徐工首先从升级劳动者角度入手，组建了一支数百人的专业数字化人才队伍，专门从事系统研发和数字孪生产品制造；同时，徐工联合同行加强服务队伍建设，专业服务人员已超过万人。

解决了新型劳动者的问题后，徐工又开始引入先进的数字技术工具，对企业进行数字化改造，夯实企业的数字化底座。从生产力的角度看，这其实是对劳动对象的改造，因为数字孪生服务的对象不再是工程机械产品本身，而是背后的各种数据和信息。具体来说，这项工作分成三步走：数据挖掘，数据采集，数字建模。徐工围绕研发、制造、服务等关键业务环节并行推进。

首先，徐工与阿里云展开合作，建立了具有 21 个物理节点和 5040 个超分 CPU 计算单元的混合云平台，支撑研发、制造、服务等环节的工业大数据挖掘工作。随后，徐工开展了数据采集和数字建模等工作。

在研发环节，徐工通过工业大数据技术建立数据仓库，汇集零部件的关键参数、性能指标、参考标准、试验数据、工况数据、故障模式、寿命数据等仿真过程生成的数据信息。同时，徐工通过全球协同研发平台建设，推动位于中国、美国、欧洲、巴西、印度的五大研发中心协同研发的三维数模总量超 300 万个，搭建了每秒运算达到 465 万亿次的高性能仿真中心，构建了仿真标准规范库、材料库、模型库、指标库、案例库等仿真知识库。

在制造环节，徐工通过大量传感器设备实时采集数据，完成了对 2800 余台装备互联、8 万个数据点的实时采集，并通过制造执行系统、仓库管理系统、高级计划系统，结合订单、设备、工艺、计划等产品数据，将与实物产品对应的部件信息注入虚拟产品中，结合人工智能技术训练焊接、数控等 65 个算法模型，对产品的制造工艺流程及生产线进行大规模仿真，构建数字孪生虚拟生产线，对整个工艺方案进行验证。

在服务环节，徐工打通了各事业部、分（子）公司的营销服务系统数据，依托车联网平台和工业大数据平台，采集全球 50 万台联网设备的动力、液压、结构、电气等系统的数据，同时对产品历史服务数据、服务人员数据、机手数据等进行大数据分析挖掘，建立"设备 + 机手 + 备件 + 服务人员"的一体化协同运行模式，基于精准的设备画像数据模型、机手画像数据模型、服务人员画像数据模型，支撑后续通过大数据技术发掘效益增长点。

在扎实的数字化底座和工业大数据技术积累工作后，徐工开始向用户提供数字孪生系列产品，每个数字孪生产品都具有产品仿真、数字映射、反向控制三大功能。截至 2021 年 6 月，徐工已向用户配套提供了 3429 种机型、32 万个数字孪生产品，进而提供多种智能服务。每类服务的指向性都很明确，要么是为用户提高设备使用效率和施工质量，要么是为用户降低设备运营、使用、购买成本。

智能服务一：产品状态实时监测服务，降低用户使用设备的总成本。

徐工通过车联网采集了 150 余类数据信息，与数字孪生产品建立映射关系，构建产品健康数据模型对产品运行状态进行实时监测，并将其集成到起重在线、装载之王、钻之云端等服务平台中。同时，徐工基于产品历史数据曲线，结合产品故障模式库和设定的液压、传动、电气、结构等关键参数阈值，对产品健康走势及未来寿命进行预测，确定产品的退化规律和健康等级，为用户提供 6000 余种异常预警、故障报警和保养提醒等，使用户在发生设备严重停机事故之前有足够的时间制订和实施维修计划。

徐工的统计数据表明，这类数字孪生服务可帮助用户的人力成本降低 35%，调度效率提升 18%，安全风险及隐患下降 11%，生产效率提升 20% 以上。

智能服务二：施工过程优化服务。

为了降低施工操作人员因素造成的效率损失，徐工依据数字孪生产品历史状态参数曲线，结合研发过程生成的仿真记录，在大数据平台中形成了客户行为画像模型，输出用户基本信息模块、施工轨迹信息模块、操作习惯模块等 60 余项指标。通过将数字孪生产品历史状态参数曲线与仿真过程中的标准施工参数曲线进行对比分析，徐工就能为客户输出行为修正报告，帮助施工人员修正施工行为，延长设备使用寿命，节约施工成本。比如，将该功能应用在大吨位汽车起重机上，通过对用户在操作过程中的起吊速度、伸臂顺序与速度、起重滑轮组倾角等参数进行修正，施工效率平均提升 10%。

智能服务三：产品失效预测服务，减少用户设备的停机成本。

工程机械停机一次，造成的损失将很大。为减少停机成本，徐工通过建立产品失效物理模型，总结了工程机械损坏型、退化型、松脱型、失调型、堵塞型、渗漏型、功能型等失效模式，建立了典型工程机械失效模式库及案例库，并应用到产品失效预测中。同时，徐工开展了失效危害性和重要度分析，通过对数字孪生产品中各部件状态数据与失效模式库中失效的关键特征数据进行比对分析，预测各部件何时失效，提示用户进行备件准备并执行维修，减少停机成本。此外，徐工根据重大项目攻关以及海外施工要求，形成了标准、严寒、缺氧、酷热等工况对应的失效分析算法模型，大幅提高了施工产品寿命预测的准确性。

智能服务四：备件查询与需求预测服务，提高备件的更换精准度和效率。

备件查询准确率不高导致的配送错误是行业的老大难问题，徐工运用制造环节数据采集技术，将每台实物产品的部件信息准确注入数字孪生产品中，建立起与实物产品部件的映射关系。随后，徐工通过将数字孪生产品与制造执行系统和客户关系管理系统等系统集成，实现产品部件信息的统一变更管理，特别是针对产品交付用户后的维修保养、备件更换过程，实现持续跟踪更新。

更重要的是，徐工打破了原来通过历史数据预测备件需求的方式，对数字孪生产品健康走势曲线的状态展开分析，指导备件精准投放。依据数字孪生模型预测结果，徐工在国内外市场端布局了 3000 个备件服务网点，借助生产管理系统进行科学高效的备件管理，实现常规备件 24 小时到位率超过 90%。其中，生产管理系统涵盖备件供应链的所有业务单元，实现工厂、代理商、海外备件中心等同一条码的全球库存穿透式管理，备件的流转速度与配送及时性大大提高。同时，平台的多租户功能允许代理商端注册入驻，实现了工厂、代理商、海外备件中心等的全球库存联网。

智能服务五：开发工程机械产品大数据金融服务。

工程机械产品单价高，不少用户必须借助金融服务购买设备。为此，徐工联手江苏银行等金融机构，搭建了基于物联网技术应用的工程机械金融服务系统，运用大数据技术整合用户信贷、还款、逾期、保养投入金额等多方面的数据信息，建立数据模型，预测用户经营状况，进行工业设备的大数据信用与资产质量评级。对于评级高、设备保养好的用户，徐工与金融机构主动为其提供更优质、实惠的服务，为其节约设备购买与运营成本。例如，对于购买汽车起重机的优质用户群体，仅车辆保险一项，徐工每年就为其节约了 1/3 的费用，共计约 5000 万元。

智能服务六：内部服务流程与资源配置优化。

基于数字孪生产品，徐工一方面优化了内部服务流程，重新制定数十项流程，实现了总部智能服务调度中心与分（子）公司服务中心、代理商的多级业务协作和管控，服务流程执行效率提高 30%，支撑"10 分钟响应、2 小时到位、24

小时完工、48 小时回访"，节约了用户的等待成本。此外，徐工根据 32 万台数字孪生产品在全球的分布情况，生成服务网点、服务人员、备件库等服务资源的配置方案。经过一年时间的验证，服务网点配置方案的合理性达到 99%，服务人员配置方案的合理性达到 95%，备件库配置方案的合理性达到 98%，服务人员的工作效率也由原来每人负责 50 台产品增长至每人负责 58 台产品，实现了企业内部的服务降本。

智能服务七：赋能自身设计、制造、营销决策与管理。

在研发设计环节，徐工通过采集不同工况的运行参数，形成设备运行可靠性问题报告，将产品的使用率、部件故障率以及具体的故障原因反馈给研发部门。研发部门根据报告优化设计方案，基于数字孪生虚实同步对控制系统进行设计匹配，使控制系统和物理装备更早地融合、匹配。例如，徐工的汽车起重机在仿真调试过程中实现了 500 余项调试参数的采集与分析，形成了仿真调试报告，减少了新产品从研发到正式投产的时间。

在制造环节，徐工从原来"一订单多配置"的混合投产，细化至"一订单一种配置"的精益制造，做到"下线一台（实物产品）制作一台（数字孪生产品），发运一台（实物产品）发布一台（数字孪生产品）"，强化产品配置变更过程的定制化管理，支撑对 30 种配置变更场景的精益化管控。

在营销环节，徐工通过对市场上产品的运行状态监控，评估一些工业领域的开工状况，形成独特的"徐工指数"，基于对各类设备销售量、开机率、平均开机时长等数据的统计，形成各地区的行业热度分布图，指导销售策略的制定。同时，徐工还对各类设备的月度开机率、开机时长等数据走势进行统计分析，预测行业前景，为工厂生产结构调整和库存准备提供数据支撑。

至此，徐工完成了从传统的产品制造向数字孪生服务赛道的转型，劳动者、劳动工具和劳动对象都发生了深刻变化，通过优化组合与探索新型商业模式，发展新质生产力的收效显著。

一是打造了对内赋能、对外增值的新模式。数字孪生产品不仅带动了产品设计可靠性、制造过程精益水平、运营决策科学性、服务资源配置合理性的提升，还为用户提供了设备状态实时监测、预测性维护、备件服务增值、新型服务模式等增值型服务。

二是后市场服务销售增长强劲。徐工通过智能服务能力的提升，后市场备件收入由 2019 年的 29 亿元提升至 2020 年的 37 亿元；其中，基于数字孪生产品的备件外购件拆分实现了重大突破，仅 2020 年新增外购件拆分子件销售收入 8943 万元，海外新增外购件拆分子件实现销售收入 848 万元，在新冠疫情期间有效支撑徐工的效益不降反增。2019 年，徐工营收 591.8 亿元，同比增长 33%；2020 年营收 739.7 亿元，同比增长 25%；2021 年营收 843.28 亿元，同比增长 14%；净利润由 2018 年的 20.46 亿元提升到 2020 年的 37.29 亿元和 2021 年的 56.15 亿元。

三是服务能力和客户满意度显著提升。基于数字孪生的智能服务，徐工的全球服务指标改进明显。2020 年用户报修量 44 万次，24 小时完工率为 83.9%，同比提升 7.3 个百分点；2021 年上半年共计督办 7620 单服务，2 小时到位率为 83%，同比提升 12%；平均报修完工时长 550 分钟，同比减少 125 分钟。同比 2019 年，2020 年设备当年平均单台报修次数由 0.86 次减少至 0.76 次，单台被动服务下降 11.6%，主动服务实施在行业内处于领先水平，形成了新的市场竞争优势。

跳出原有业务框架，利用科技手段寻找新领域新赛道，将是未来中国制造企业的一项长期任务，这不是可选项，而是必选项，因为世界正以超出我们想象的速度变化，生产力也在超越我们传统的认知范畴。

第五章

创新升级型生产力路径

——打通创新链堵点，
用高端化提升生产力

虽然通过科技开辟型生产力路径培育未来产业和新兴业务是企业发展新质生产力的一条路径，但对大多数企业来说，找到现有业务的质变点，从行业价值链的低端升级到高端，获取高端产品竞争优势，是更为现实的新质生产力实现路径。中国企业之所以长期在价值链低端徘徊，关键是在创新链上受制于人。一旦可以找到真正制约发展的质变点并加以突破，企业就能实现业务的深度转型升级，推动产品竞争力、附加值和整体效能的跃升，进而进入全球领先阵营，为自己打开一片新质生产力的天地。

企业创新升级的质变点分布在创新链从前端到后端的各个环节中，既可能是前端的技术和产品研发堵点，也可能是大规模生产工艺的瓶颈，还可能是关键装备和生产线环节的问题，当然也有全创新链都要突破和升级的情况。本章基于翔实的案例分析，讲述企业找到创新升级的质变点进而形成新质生产力的四种方式：打通创新链；研发新突破；工艺再变革；装备大升级。无论哪种方式，都可以让企业看到新质生产力的美好图景。

第一节　打通创新链：突破"卡脖子"

我国很多企业面临的问题，不是创新链上某个环节的问题，所以必须全创新链从前到后都突破，只有这样，才能真正形成生产力的质变和跃升，这是企业实现创新升级型生产力的第一种方式。显然，实现全创新链的突破，对企业的要求很高，很多企业都在奋力前行。下面来看一个典型案例，探究这家企业是如何找到破解之法形成新质生产力的。

首钢智新迁安公司（以下简称"智新迁安"）是首钢集团下属的三级子公司，2018年3月以北京首钢股份公司硅钢事业部为主体成立了独立运营电工钢产品的首钢智新电磁材料（迁安）股份有限公司。目前，智新迁安已发展成为全球第二大电工钢供应商及制造基地。

电工钢是一种高端钢材，普遍应用于超特高压变压器、节能配电变压器、新能源汽车、大中小及微特电机等领域，具有高科技含量、高附加值等新质生产力产品的典型特征。然而，我国曾一度难以生产这种高端钢材，因为其中不仅有技术研发的问题，也有高端产品的开发瓶颈，还涉及工艺制造技术的创新，更有提升制造能力、实现制造高效性和质量稳定性的装备卡点。这就构成了电工钢创新链的一系列阻点，迫切需要贯通全创新链、进行深度转型升级形成新质生产力。

智新迁安通过突破全创新链的质变点，从一个普通的电工钢企业升级到为新能源车企提供高端电机用钢的企业，全国每两台高端空调压缩机中就有一台使用它的"首钢芯"，它背后的做法究竟是什么？下面就让我们来看看智新迁安是如何形成自己独有的新质生产力的。

智新迁安电工钢的创新升级之路，历经了以用户为中心的前期技术研发、高端产品的开发突破、工艺制造技术的创新、制造能力提升四个阶段，每个阶段各有突破，共同促成企业全创新链的突围。

第一阶段：以用户为中心的前期技术研发。

高端电工钢具有很强的用户定制特点，挖掘用户对电工钢材料的真实需求，才能精准指导产品研发方向。为此，公司成立了电工钢用户技术实验室，研究选材、制造、测试过程中各种参数对电机性能的影响规律，实现"从应用需求到技术指标"的转换。此外，公司筹建了行业内第一个通过中国合格评定国家认可委员会（CNAS）认可的新能源汽车用电机应用及测试平台，大大缩短了用户的新产品认证进程，拉近了在用户之间的距离。同时，公司还搭建了变压器铁芯模拟实验室，研究复杂工况下电工钢材料的应用特性，增强了用户对首钢材料的使用黏性。

比如，针对高转速下电机噪声大、固有频率偏低的问题，公司技术人员深入某车企的制造现场，组织加工成型、材料学、电机仿真和应用等不同领域的专家开展技术"会诊"，迅速找到噪声问题的根源，通过材料改进、用户加工方式调整以及铁芯组装方式调整，解决了这一行业共性难题，成为目前唯一掌握新能源汽车高速电机降噪解决方案的电工钢制造企业。

第二阶段：高端产品的开发突破。

在掌握用户需求后，智新迁安聚焦新能源系列产品研发、高强度高磁感产品研发、薄规格低铁损取向电工钢产品研发、极薄带产品及无底层产品研发和应用技术研究中面临的技术瓶颈，开发了一大批具有原创性和完整知识产权的核心技术，包括高效环保变压器用高性能取向电工钢制备技术、新能源无取向电工钢产品研发技术、高牌号无取向电工钢超低同板差控制技术、无取向涂层开发技术等，在全球首发了4款取向产品和6款新能源系列产品。该系列产品国际领先水平的磁性能和力学性能迅速打开了欧洲领军车企高端车型的应用市场。

第三阶段：工艺制造技术的创新。

智新迁安对产品核心竞争力有自己独特的理解：真正的产品核心竞争力起源于符合用户需求的产品开发设计，落地于满足现场制造能力的工艺制造技术。这恰恰是智新迁安能否跃升到高端市场、形成新质生产力的关键。

为此，公司按照两种思路建立了工艺制造技术攻关团队：一是围绕产品关键质量和工序流程难题，组建多个由高层级技术职务人员牵头的专业攻关团队；二是从一贯制工序角度出发，组建包含所有工序的技术攻关团队，通过组织攻关例会、质量例会和重点用户推进会的方式，确保制造能力与产品间的融合提升，实现制造过程的高效性和经济性。比如，智新迁安通过全工序工艺技术的大量优化，包括炼钢工序真空冶炼和连铸工艺优化、热轧工序加热炉周期和工艺优化、抛丸酸洗工艺以及轧制工艺优化等，使智新迁安大幅降低了制造成本，最终体现为产品的低成本竞争力。

第四阶段：制造能力提升，实现制造高效性和质量稳定性。

解决了创新链前端的基础研发、产品开发和工艺创新的难题后，下一个问题就是如何稳定高效地实现批量制造，这往往决定了企业能否真正向高端化跃升。只有量产稳定了，才说明前期创新链的突破努力有价值，也才有落地的拳头产品。

我国虽然已是制造大国，但很多高端的制造技术与工艺仍被国外企业占据。智新迁安通过研究，采取了三种手段解决稳定和高效量产的难题：一是实现柔性制造，推行贯穿产品全生命周期的精准质量管控；二是通过推行极致效率管理来保障量产工艺的高效；三是开展"设备提升 – 生产线改造 – 新建工程"等一系列工作来大幅提升高端钢产品的产能。

通过全创新链从前端到后端的一系列突围，智新迁安的电工钢产品找到了质变点，真正实现了产品的高端化升级，高科技、高质量、高效能的新质生产力跃然纸上。

——高性能取向电工钢的性能达到国际领先水平，为中国高端电力装备的研发出口提供了核心原材料，实现了高磁感取向电工钢的进口替代。

——新能源汽车用高性能电工钢打破了日韩钢厂对国外新能源汽车用高端电工钢材料市场的垄断，实现了新能源汽车用高性能电工钢的国产化。

——薄规格无取向产品在无人机、航天、氢能源等高端领域被广泛认可，填补了国内无人机专用电工钢产品的空白。

——高端薄规格取向电工钢的市场占有率全球第一，应用于世界首台大容量卷铁芯变压器，以及"一带一路"共建国家重点项目；无取向产品的市场占有率全球第二，其中家电行业的市场占有率为 50%，无人机领域的市场占有率为 30%；无取向电工钢为全球销量 Top10 新能源车企稳定供货，为国内销量 Top10 车企全部批量稳定供货，国内每 3 辆新能源汽车中就有一辆采用首钢电工钢制造。

无独有偶，下面这家企业同样在全创新链突破上做到了极致，它推出的"液体黄金"绿色轮胎，使自己从普通轮胎生产企业一跃成为全球高端化轮胎研发和制造的主力军，实现了生产力的质变，它就是青岛赛轮。

赛轮集团股份有限公司（以下简称"青岛赛轮"）成立于 2002 年，是我国第一家 A 股上市民营轮胎企业和第一家"走出去"建厂的轮胎企业，在全球拥有四大研发中心、七大生产基地。

青岛赛轮的成立源自大学里的科技成果转化，因此从成立的第一天起就面临着贯通从基础研究到产业化全过程的任务。公司创始人敏锐地发现，我国的轮胎企业通常是从制造环节做起，先天就缺乏基础研究，难以成为全球行业的引领者。此外，公司还意识到，轮胎行业正在从传统高能耗、重污染的制造工艺向绿色化转型，代表产品就是绿色轮胎。低滚动阻力、低燃油消耗、出色的操纵稳定性、更短的制动距离、更好的耐磨性、可多次翻新等突出的产品特性，让绿色轮胎成为行业新宠儿。提升绿色轮胎的耐磨性、节油降耗、使用新型材料等成为要突破的产品开发核心技术环节。

然而，要从普通轮胎企业向绿色轮胎企业进军，并非坦途。从生产力的角度看，公司不仅要突破技术瓶颈，还要对"三劳"进行优化组合，更要对生产关系进行调整，只有这样，才能迈向发展新质生产力的目标。

为此，青岛赛轮从基础研究开始，通过产业孵化、应用研究以及协同创新体系的深耕细作，打通了全创新链的堵点，进而打造了一条完整的产业链，开发出了性能优异的系列绿色高端轮胎，不仅让自己的生产力大幅提升，更成了行业的一座绿色发展标杆。

首先，突破绿色轮胎基础理论，让绿色轮胎的产业化之路有底气。

在基础研究环节，青岛赛轮在创办公司的第一天就设立了基础研究部和材料开发部，开展橡胶科学领域连续性的颠覆式创新研发活动。2013年，青岛赛轮更是做出了一个大胆举动：投入巨资整合全行业资源，成立怡维怡橡胶研究院，引进国际著名橡胶专家王梦蛟博士任首席科学家，搭建了一支两百多人的高水平研发团队，旨在突破关键核心技术、提升基础创新能力。研究院的实验室面积3万平方米、设备原值超2亿元人民币，成为我国橡胶行业建设水平最高、仪器设备最全、服务范围最广、服务功能最强的科研机构之一。

此外，为培养高素质工程师，青岛赛轮与青岛科技大学合作，实施了颇具特色的卓越工程师本硕贯通培养计划。该计划围绕材料、化工等优势学科，以"新工科"建设为抓手，以绿色化工与新材料为重点方向，探索实行"3+1+2+N"计划，学生在完成硕士阶段课程的学习后，必须在企业或科研院所进行两年左右的专业实践和工程技术研发，达到毕业条件和硕士学位授予标准后获得学位。

从生产力的"三劳"角度看，这不仅是在提升新型劳动者的素质和科技水平，更是引入了新型劳动工具（研发设备）。通过劳动者和劳动工具的升级优化，研究院在探索橡胶基础理论的"无人区"方面做了三方面的原创尝试：一是在国际上首次系统建立了完整的聚合物与填料相互作用及填充橡胶动态性能理论体系，奠定了绿色轮胎理论发展的基础；二是研究突破橡胶的动态性能、摩擦、磨耗、抗撕裂性能等关键技术指标，为轮胎及工业橡胶制品的开发提供坚实的理论支撑；三是突破传统理论下轮胎耐磨性能、滚动阻力、抗湿滑性能不能同时改善的"魔鬼三角"定律，被业界认为是橡胶工业第四个里程碑式的技术创新。

在基础研究取得进展后，青岛赛轮又针对国内关键技术的缺口，从材料、工艺、装备方面逐个突破，以实现产业化落地。

其次，突破高性能橡胶材料和工艺技术瓶颈，让绿色轮胎量产落地。

材料是绿色轮胎制造的基石，高性能橡胶材料的突破一方面是工艺技术的突破，另一方面是材料装备技术的突破。面对国外对关键橡胶新材料的"卡脖子"和国内关键技术缺口，青岛赛轮通过设立应用研究创新中心进而成立专业公司的方式展开研究。

在高性能橡胶材料方面，公司自主开发了多种橡胶基础材料制备技术，建成了国内首套乙腈法碳五分离联产异戊橡胶装置、国际首创合成橡胶化学炼胶生产线，实现了高性能异戊橡胶、"液体黄金"橡胶材料等关键材料的产业化，填补了国内行业空白。在工艺技术方面，公司先后突破了轮胎工厂数字孪生同步技术、复杂装备作业流程仿真技术、黏弹性物料生产的智能控制技术、工艺装备健康管理技术以及工厂智能物流规划等关键核心技术，形成了具备自主知识产权的高性能轮胎智能制造技术体系。

再次，突破关键装备的"卡脖子"瓶颈，大幅提升量产能力。

稳定、可靠的生产装备是实现绿色轮胎大规模量产的关键，我国原来大量依赖进口，装备制造能力较弱。为解决这个堵点，青岛赛轮一方面成立软控研究院以及欧洲研发中心展开技术攻关，另一方面主导成立了中国轮胎智能制造与标准化联盟并担任理事长单位，主持制定橡胶轮胎行业智能制造的系列国家标准。经过不懈努力，公司形成了橡胶智能装备领域的全套技术和装备能力，填补了国内行业空白：

——成功研制了特定型号的轿车、卡（客）车子午线轮胎智能成型装备等核心装备，解决了高端重大关键橡胶机械装备对外依赖度高的难题；

——全球首发 FAR20-S 全自动小料全球标准机型及橡胶行业首套专属软件产品 MCC3.0、ROC 智能橡胶装备研发平台、MESIIC 工业互联网平台等；

——在国内首个成功开发了轮胎智能工厂整体解决方案。

关键装备瓶颈的突破，让青岛赛轮的量产能力得以大幅提升，原来投资 8 亿元仅可建设 30 万套全钢子午胎的规模提升至 120 万套，并可面向行业提供多项轮胎工厂"交钥匙工程"，大大降低了行业的投资和技术门槛。

从"新三劳"的角度分析，上面的几个关键动作，都是青岛赛轮对新型劳动工具的改造优化提升，并且成效明显。

最后，布局全球现代化产业链条。

青岛赛轮在布局海内外的研发生产基地时，充分考虑了产业链和供应链安全问题，形成了具有强风险抵御能力的现代化产业链条。在国内，青岛赛轮以"液体黄金"新材料为核心，以"橡链云"为产业链整合手段，在沈阳、东营分别进行了二期项目扩产，产能实现翻番。同时，搭建了以中国、斯洛伐克为中心的全球研发体系，辐射全球 60 多个国家和地区。在国外，公司在越南建设了我国首个海外轮胎制造工厂，2019 年与美国轮胎企业在越南合资共建了 ACTR 智能化轮胎工厂。当前，公司正在持续建设越南工厂三期、柬埔寨工厂，并积极谋划在美国、欧洲、非洲建厂，实现属地生产、属地销售、属地服务。

特别需要说明的是，青岛赛轮的全链条创新之所以能达成目标，还在于它开创了一种崭新的产业孵化和产业链"橡链云"模式。从新质生产力的角度来说，这恰恰是生产关系的调整让生产力大幅释放的结果。

人人都知道，创新从基础研究到产业化，必须跨越几个"死亡谷"，但很少真正有企业具备能力和魄力能跨越过去。为什么呢？就是因为机制的阻碍。青岛赛轮源于大学里的科技成果转化，从一开始就建立了一套新型的产业孵化和产业链机制，目标就是顺利跨越创新"死亡谷"。其中有两个核心问题，一是如何找到真正有产业化价值和新质生产力潜力的科研项目，二是如何让好的科技成果转化项目快速进行产业孵化。

首先，青岛赛轮设立了"双委员会"作为科研项目决策的机制。

公司专门成立了专家技术委员会和项目投资委员会，从技术和市场两个角度对项目进行考核论证，既有核心技术、又具备市场潜力的项目才有可能被选中进入孵化阶段。公司对获得立项的项目提供人才、资本、技术的支持，对成熟的项目提供产业化基金，让项目团队专心做自己最专业的事情。

其次，青岛赛轮搭建了橡胶谷成果转化孵化平台，链接全行业资源。

如何把项目从孵化变为产品再实现产业化到最后推向市场，是一项复杂的系统工程，会遇到各种意想不到的堵点、卡点，单靠企业自身力量难以有效完成，必须链接外部产业生态的资源。

为此，青岛赛轮联合中国橡胶工业协会和青岛市市北区政府，发起成立了国家级化工企业孵化器——橡胶谷，创造性地采取"互联网＋校区＋产业园区＋产业平台"模式，搭建了一系列产业共性平台，包括产业共性技术服务平台、创业孵化服务平台、一站式知识产权专业服务平台、国际合作服务平台，以此解决产业孵化中的各种问题。利用该孵化平台，青岛赛轮以较低的成本吸引了本地大量上下游企业入驻，形成了化工橡胶产业集群，大大降低了企业间交易的各种有形和无形成本，更让青岛赛轮快速获取了全行业的专业配套资源。

不得不说，由一家企业搭建一个产业共性孵化平台，颇有眼光，一个孵化平台就撬动了整个产业链围着自己转。从新质生产力与生产关系的角度分析，青岛赛轮就是通过搭建这个产业孵化平台，摸索出了一套适应高端绿色轮胎全链条突破的新型生产关系，从而实现了生产力的跃升。

通过绿色轮胎的基础研究和应用研究，加上突破关键装备瓶颈和布局全球产业链条，青岛赛轮打通了高端绿色轮胎的全创新链，实现了产品性能的大幅改进，成功进入高端市场，形成了难以替代的高科技、高质量、高效能新质生产力。

——采用可再生的"非化石"原材料，使用"绿色一体化"工艺制备高性能橡胶新材料，大幅降低能耗。

——全球首创"化学炼胶"技术工艺取代传统的"物理炼胶"工艺，炼胶工序能耗降低 45%，生产一条轿车轮胎平均可降低能耗 36%。

——"液体黄金"轿车轮胎的耐磨指标提升 20% 以上，滚动阻力降低 30%以上，80 公里 / 小时速度下的湿地刹车距离较现有 C 级轮胎缩短 7 米，达世界领先水平。

…………

解决"卡脖子"难题，打通全创新链堵点，实现产品的高端化升级，从而进入全球领先行列，是企业在现有业务轨道上做出的一种新质生产力选择。当然，这种方式对企业的综合能力要求很高，需要企业在"三劳"上进行持续改造和优化，才能由量变引起质变。除了全创新链的贯通，还有一些企业聚焦在创新链的某个核心点上实现质变，一起来看看下面几个案例中企业的鲜活做法。

第二节　研发新突破：打造产品力

通过大幅提升产品本身的性能、等级和质量，形成强大的产品力，是企业推动创新升级型生产力形成的另一条重要路径。而要形成强大的产品力，核心是在创新链上突破产品研发环节的技术瓶颈。下面的这家企业，就在这条路上奋勇前行，由常规同质产品向特色高端产品升级和转变，最后研制开发出了高、精、特、新产品，解决了"卡脖子"技术问题，实现了生产力的跃升。

这家企业就是太原钢铁集团（以下简称"太钢"）。如今，太钢已经是全球不锈钢行业的领军企业，但这一市场地位的获取来之不易。我国虽然是钢铁大国，但不是钢铁强国，技术含量高、工艺复杂的产品完全依赖进口，诸如笔尖钢、超薄超宽薄带、高等级不锈钢等的核心技术被少数国家封锁和垄断，严重损害国内下游产业的安全。太钢很早就意识到，要改变这种局面，必须在高端产品开发上做文章。

那么，如何开展既高效又符合实际情况的高端产品开发呢？太钢采用了逆向研发的方式，也就是从用户入手，先开发市场、再开发产品，这与传统的从技术研究切入、再开发市场的正向研发的路径不同。在这一过程中，劳动者、劳动工具和劳动对象都发生了深刻变化。

具体来说，太钢高端产品开发的过程包括以下四步。

第一步，建立产销信息化系统和用户快速响应机制。

太钢发现，要由常规同质产品向超薄、超宽、超厚等特色高端产品转变，首先必须深刻把握用户需求，以需求为导向进行研发。这其实是把用户当作新型劳动者的一部分，让其深度参与企业的产品研发过程。

为快速响应用户需求，公司建立了产销一体化管控平台，对用户个性化的需求合同进行快速评审并组织生产，实现统一生产的组织协同。

在业务流程上，太钢对炼钢轧钢的生产现场控制、生产计划与调度管理、质量管理与控制、财务管理、销售管理等全流程进行纵向整合和横向集成，形成了产销一体化系统。

在质量控制上，为了达到按用户需求进行质量、生产工艺控制的要求，太钢在线采集、实时处理与用户订单相关的所有信息，全程跟踪和实时监控用户订单的实施进度并向用户提供技术服务。

在生产工序上，太钢通过连通管理平台与现场控制设备，实现数据的无缝连接与信息共享，贯通所有生产工序。

比如，在笔尖钢的突破过程中，太钢采用了与下游制笔用户企业共同研制的方式。笔尖钢生产出来后，制笔企业马上安排试验试用，并将试验情况和不足及时反馈给太钢。经过 4 年攻关、1000 多次试验，太钢成功开发了笔尖钢材料——"中国芯"，合作用户涵盖 80% 以上的国内不锈钢笔尖专业生产企业，一举扭转了中国笔芯依赖日本进口的垄断局面。太钢的笔尖钢投入市场后，国外的笔尖钢价格从每吨 12 万元一下降到了每吨 9 万元。

第二步，赋予技术中心更大的权限职能，打通内部堵点。

要实现高端产品开发的突破，必须依靠核心技术开发人员。然而，令人尴尬的是，技术中心在一般企业中往往被定位为成本中心，这使得技术中心的职能有限、权限不足，处于弱势地位，在创新中难以真正成为创新主体，也难以根据市场需求进行创新资源配置。为此，太钢为技术中心赋予了超过以往的更大职权，确立了以技术中心为基础、覆盖全公司的创新网络。显然，这是一种通过组织变革来调整企业内部生产关系的做法，颇有新意。

一方面，太钢强化了技术中心的硬件投入，吸引高端人才加入，持续提升技术中心的研发能力。另一方面，太钢为技术中心赋予了质量管理职能，使其将前端的技术研发活动与后端的质量管理紧密挂钩，而以前这两者往往是割裂的。这一改革举措使技术中心从传统的科技研发中心扩大为一个直接联系生产制造和客户需求的部门，打通了上下游环节。

此外，太钢还通过信息化建设，实现各生产单元的研发人才、试验装备、检测准备等资源与技术中心共享，打通了部门墙，使技术中心既要为公司的长远发展提供技术支撑，又要为生产现场提供技术服务，各生产单元也可以借助信息化平台参与技术创新和新产品研发。

第三步，建立外部协同机制，打通外部堵点。

单靠自身力量进行高端产品研发并不够，太钢又通过绑定外部重点实验室、高等院校、科研院所、行业协会等资源，建立了长效的"产学研"协同创新机制，共同推进高端产品从基础研究到成果产业化应用的全过程。比如，太钢与科技部依托太钢设立的先进不锈钢国家重点实验室进行协同研发，在技术资源、仪器设备、研究成果等方面实现高效协同。同时，太钢选择与钢铁研究总院、北京科技大学、美国匹兹堡大学、韩国浦项工业大学等 24 所国内外高等院校和科研院所开展科研合作。

此外，太钢还积极与下游行业协会开展合作，通过中国汽车工业协会、中国船舶工业行业协会等了解下游行业对高端产品的共性需求、替代进口的可能性及技术方案，并通过与行业协会建立高速铁路用钢联盟、海洋工程用钢产业技术创新战略联盟，合作推进进口产品的替代工作。

从这里我们可以看出，不论是激发技术中心科研人员的活力，还是与外部高等院校、科研院所合作建立外部协同机制，核心都是企业在解决新型劳动力的问题。

第四步，采用命题承包制，实行试错型激励机制。

要突破新产品开发的瓶颈，必须采取新型激励模式，全员激励、全员突破。为此，太钢在全公司推行命题承包制，命题承包人可以根据需要牵头相关部门成立攻关小组，揭榜响应；根据命题要求制定攻关方案，并进行答辩，通过后组织实施；项目结题通过评审后，根据完成情况给予专项激励。此外，公司明确提出对研发损失不作绩效考核，鼓励科研人员大胆探索、主动创新。

与此相配套的是，对于重点品种的开发，太钢实行战略经营单元（SBU）管理体制。SBU 打破了企业内部的条块分割，由科研、生产、营销人员组成跨部门团队，根据市场需要进行科研攻关。比如，针对高铁轮轴钢，太钢成立了由技术中心牵头，营销部、制造部以及炼钢、轧钢生产单元共同组成的矩阵式战略经营单元，技术中心牵头研发，制造部门安排在生产单元试产，营销人员联系顾客试用并反馈问题，充分发挥研发人员、生产管理人员、营销人员的专业特长和积极性。SBU项目明确目标和奖励额度，年度完成任务后根据完成情况进行奖励兑现。

仔细观察就会发现，太钢的上述做法，有很大一部分是在优化调整与新产品开发突破相适应的生产关系，无论是技术中心赋权、命题承包制，还是SBU的资源配置，都在寻找最恰当的方式，用持续量变的努力推动企业走向质变点。这样的努力不仅成功突破了产品开发技术的瓶颈，还让太钢新产品的研发和投放速度大大提高，实现了不锈钢品种规格的全覆盖，多种产品填补了国内甚至世界钢铁材料的空白。

以替代进口为例，以前我国厚度为0.02毫米的"手撕钢"基本依靠进口，太钢通过产品研发和工业化生产不仅有效替代了进口，而且将宽度扩大到了600毫米，成为全球唯一可批量生产该产品的企业。打破垄断后，国外同类产品的价格大幅下降50%，引领了世界不锈钢超薄带钢的发展方向。

如今，高端和特色新产品已占太钢生产钢材总量的80%以上，16个产品国内市场独有，21个产品市场占有率第一，30多个品种成功替代进口。耐热、双相、复合板、磨砂板等不锈钢高附加值产品大批量出口欧美地区，出口量占公司不锈钢材总产量的四分之一，全球影响力大幅提升。这就是新质生产力的巨大威力，也是它本就该有的模样。

第三节　工艺再变革：赢得工艺战

很多企业发展新质生产力的质变点，既不是基础研发的问题，也不是产品开发环节的瓶颈，而是工艺技术难以达标。工艺是从产品开发到通过工程化方式去放大产品开发结果，进而实现规模化量产的关键环节。它类似于人的腰，一旦腰闪了，人就很难直起腰杆，更别说走得稳、跑得快了。我们经常看到，很多产品在实验室或博览会展示时很惊艳，但一直无法在市场上实现规模化投放，就是卡在了工艺环节。变革工艺、升级工艺，赢得工艺战，是相当一部分企业发展新质生产力的必经之路。

下面就来看这样一家以工艺升级为生命的企业，它就是江苏中天科技股份有限公司（以下简称"中天科技"）。中天科技是一家以光通信为主，拥有新能源、电网、通信等多元化产业格局的行业龙头企业。虽然它拥有多个隐形冠军和单项冠军企业，但发展过程并非一帆风顺，尤其是其光纤核心部件——预制棒的核心制造工艺技术和关键生产装备一直受制于人，异常难受。

事实上，这恰恰是国内光纤行业的一个真实写照。

虽然国内的光纤预制棒（以下简称"光棒"）产能已跃居世界第一，但大部分企业是中外合资性质，关键岗位由国外的工程技术人员担任，国内人员无法掌握核心制造工艺。2010年前，光棒的关键制造技术一直被美、日、德等发达国家垄断，中国员工只能在正常生产时操作设备，一旦设备的重要部件需要检修，外国技术专家会马上限制中国员工靠近设备。此外，我国光棒行业的关键制造设备大多从发达国家整机进口，国外厂商在技术保护方面煞费苦心，在设备出厂时对核心控制程序进行加密处理，导致使用方无法打通底层信息流，难以实现设备数据的互联互通。一切的一切，都是要防止中国企业学到光棒生产的核心技术。

因此，中国企业只是在生产制造环节赚了规模化生产的辛苦钱，行业价值链上的利润大头都被国外厂商拿走了。中天科技亦是如此，经过多年发展，公司虽然在生产规模上具备了领先优势，但不掌握生产制造的核心工艺和关键装备技术。比如，光棒产品的工艺参数控制主要依赖技术人员的经验，产品参数变更验证周期通常为15天左右，一旦出错，将导致大批量产品报废，造成无法挽回的损失。

公司意识到，若要长期稳健发展，必须突破从核心制造工艺技术到关键生产装备的系列难题，实现高端化升级，这就是企业的质变点。中天科技在深入研究后，决定从劳动工具的升级入手，引入建模仿真技术来突破创新链上的一系列难题。为此，中天科技做了三方面的工作：生产过程的仿真建模，工艺设计的数字化优化，关键设备的数字化开发制造。

首先，中天科技对光棒的生产全流程进行了数字仿真建模，对工厂结构、设备布局、生产场景等进行了三维建模，形成了光棒智能工厂整体建模图。然后再通过仿真技术推演各生产环节中的物料流转等待、流转干涉等问题，有针对性地优化内部结构，从而有效降低升级改造的试错成本。

其次，以往光棒新品设计和工艺开发主要基于上代数据和人工经验，在试验机台上反复试验，最终形成工艺配方，试错成本高，研发周期长。针对该问题，中天科技自主设计开发了仿真模拟程序，开展工艺研发数字化建模，实现工艺研发过程预测及设计优化。同时，公司借助仿真建模工具和数据拟合技术，进行新品设计和工艺开发，再通过数字化算法介入光棒拉丝工艺过程。这一套"组合拳"打下去，光棒新品的设计和工艺开发效率、一次成功率大幅提升。

最后，在对生产制造全流程和生产工艺进行数字化模拟仿真改造，获得关键生产诀窍和一系列工艺诀窍后，万里长征路只走完了一半。因为工艺突破必须配合关键制造设备和检测设备，才能真正让规模化生产变为现实、生产力才能真正落地，为此，中天科技必须设计开发关键制造设备和检测设备，突破国外的"卡脖子"设备封锁。

实践中，中天科技采用了一种很巧妙的"人工学习＋测绘创新"办法来解决这个问题。公司成立了光棒关键制造技术攻关组，花重金组织8人队伍常驻日本一年多时间，在H公司生产现场学习。这8人学成回国后，利用三维建模软件对各种部件进行测绘和二次创新，经过五年时间成功研制出了一批全自主型光棒生产关键制造设备并实现了批量化应用，形成发明专利60多项。设备的自主化率达99.4%，中天科技牢牢掌握了核心设备自研、自产技术，成功突破了国外技术封锁。

同时，为解决业内缺乏大尺寸光棒专业性检测设备的问题，中天科技又一次瞄准创新链的痛点，依托仿真建模及 AI 识别技术，自主开发了多功能光棒性能检测设备：先通过调研现场人工检测的过程形成检测功能需求分析报告，随后搭建检测数据和检测设备仿真模型，将仿真结果与人工检测结果进行比对，找出差异后予以调整优化，最终成功开发出独具特色的大尺寸光棒检测设备，实现了业内从无到有的突破。

至此，光棒制造的全创新链被打通，中天科技真正实现了光棒制造技术的自主化，成功打破了国外封锁，生产力大幅提升，成果令人振奋：

——自主设计了 150 多套设备图纸, 掌握了 70 多种光棒设备制造核心技术, 彻底打破国外垄断；

——公司攻克了多项关键工艺，实现了剖面轴向六西格玛级稳定度，光棒制造工艺达到国际领先水平；

——公司依托全合成技术生产的光棒，突破了高性能光棒产品的技术瓶颈，打破了国际垄断；

——截至 2021 年，中天科技全合成光棒产品的全球市场占有率达 11.7%，国内市场占有率达 24.7%，位列全球第二，全国第一。2023 年，中天科技的营收达 450.65 亿元，同比增长 11.9%。

无独有偶，吉林化纤企业同样面临工艺突破的质变点问题，突破得还不够，必须赢得客户的信任、帮助客户解决它的工艺问题，才能最终实现生产力的跃升。下面就来看看吉林碳谷的故事。

吉林碳谷是吉林化纤集团吉林碳谷碳纤维股份有限公司的简称，成立于 2008 年，位于吉林省吉林市，是一家集研发、生产、销售碳纤维原丝、预氧丝、碳丝及制品于一体的创新型企业，为全国最大的碳纤维原丝生产基地，产品广泛应用于风电叶片、轨道交通、汽车部件、体育休闲以及电缆芯、抽油杆等高端工业、民用领域。

吉林碳谷的前身就拥有腈纶材料的大规模生产基础，在看到下游工业用碳纤维爆发式增长的前景后，吉林碳谷开始向碳纤维原丝产品转型。然而，这条转型之路并不好走。长期以来，碳纤维的生产工艺技术一直被美、日等国家控制，他们对中国实行严格的技术封锁和产品禁运。吉林碳谷要想突破工艺技术封锁，必须解决两个问题：一要找准工艺技术路线，二要确立工艺研发方法。这也正是形成新质生产力的关键质变点。

首先，吉林碳谷进行了工艺技术的广泛搜索和对标选择。

吉林碳谷成立了战略委员会，研究了国内 18 家主要原丝生产企业，发现 15 家采用 DMSO 溶液聚合一步法，两家采用 NaSCN 法。经多次研讨，并结合实际情况，公司决定采用自主研发的 DMAC 水相悬浮湿法二步法，其生产技术和装备基础条件更适合大丝束的技术要求，能够为企业率先实现大丝束碳纤维产业化开发提供有力支持。

其次，吉林碳谷进行了工艺技术的落地路线选择。

为快速升级工艺技术，吉林碳谷在中国纺织工业联合会推进大丝束碳纤维关键技术突破及产业化的指导下，联合下游企业吉林精功碳纤维有限公司和长春工业大学省级重点实验室协助研发，一方面深化 5000 吨小丝束生产线技术研发，另一方面通过装置升级改造、大丝束工艺配方研制，突破系列技术瓶颈，打通大丝束原料投放、装备匹配、工艺及操作的全流程通道。

经过不懈的努力，吉林碳谷确定的最优工艺技术包开始在澳大利亚迪肯大学的碳化试验线进行多轮碳化验证。针对验证结果，公司打破了行业内大丝束合股实验的常规做法，提出单独成束的新技术思路，从源头开始研制更适合规模生产的工艺包，避免了原有技术的缺陷。

2017 年 3 月，公司实现批量生产 24K 产品，经下游企业碳化验证，各项指标均达到应用水平。以此为基础，吉林碳谷与意大利专家共同设计了千吨级大丝束生产线，对原有设计做出了 70 余项改进，在全球范围内采购适合大丝束生产的设备部件，推动装置升级。

2017 年 10 月，公司成功开发 48K 产品，随后从工艺路径、组件设计等方面改进，成功研制出 25K 配方并投产，在下游企业吉林精功碳纤维有限公司批量试验，获得满意的生产效果。碳纤维样品经北京化工大学和北京航空航天大学检验测试，均达到理想的应用指标。至此，吉林碳谷打开了大丝束规模生产之门。

紧接着，吉林碳谷通过对大丝束战略布局的深入研讨和预估评价，明确了"两步走"计划：先是在原年产 5000 吨小丝束生产线的基础上改进升级到 8000 吨，兼顾大丝束、小丝束的灵活柔性生产；随后设计建设两条年产 2000 吨大丝束生产线，科学调整大丝束原丝生产的基础架构，为大丝束的工业化应用提供保障条件。

通过上面的一套"组合拳"，吉林碳谷解决了工艺瓶颈，实现了千吨级生产线的均质化、规模化稳定生产和增锭提产。然而，在产品实现量产后，很多下游用户对吉林碳谷的新产品信心不足、不敢购买，因为 to B 产品的经济成本高，转换供应商的风险成本大。看到这一情况，吉林碳谷意识到，必须降低客户的使用风险和转换成本，才能让其心甘情愿地掏钱购买。于是，吉林碳谷针对客户的应用场景开展持续的工艺技术输出和行业工艺标准化建设，其中包含以下三个关键动作。

动作一：模拟应用场景，增强大丝束客户的信心。

吉林碳谷自筹资金引进了一套 200 吨碳化试验示范线，以及具有国际权威的原丝、碳丝检测仪器及检验方法，针对客户的应用场景培训技术、培养人才、培育市场。这么做的目的很简单，就是模拟客户。有了这套碳化试验装置，吉林碳谷对于新客户和新订单，先自己模拟客户使用过程，自行打通原丝产品碳化的全工艺流程，掌握其中的技术难点和使用诀窍；随后基于自己掌握的技术诀窍和方法，指导下游碳化企业调整适合大丝束的碳化工艺，由此增强客户应用大丝束原丝的信心。

动作二：提供到厂售后技术服务，分担高端客户的风险。

为鼓励下游企业客户使用大丝束原丝新产品，吉林碳谷挑选了一批在工艺流程理论与实践中都顶尖的工程技术人员，送到澳大利亚迪肯大学、北京化工大学等学习碳化技术核心原理，目的是让这些售后服务人员不仅对原丝产品特性及应用指标了如指掌，还理解下游碳纤维制备工艺、装置的理论支撑以及与原丝相匹配的工艺，成为一个既懂产品、又懂工艺、还懂装置的全能型技术销售。有了这批人员后，公司派他们深入客户现场，针对客户的难点采取技术服务到厂模式输出技术，帮助客户分担风险，让客户用好吉林碳谷的原丝产品。事实上，这正是对新质生产力中"新型劳动者"的培育。

比如，下游某企业在使用 25K 新产品的碳化过程中出现了接丝不顺等难题，吉林碳谷的工程技术人员进行实地跟踪，与客户形成联合攻关、数据共享的模式，快速突破了技术瓶颈，降低了企业的新产品使用风险。这一招成功锁定了客户，让新客户变成老客户。

动作三：推动检验检测标准化建设，提升客户的接受度。

吉林碳谷在推广新产品的过程中发现，自己生产的原丝指标经检测定级后出厂，客户购买后还要对入厂原丝进行二次复检。如果两次检测不一致，中间的问题就说不清道不明，自然会影响客户的购买意愿和使用体验，背后的关键原因是缺乏行业通用检测标准。于是，吉林碳谷又将推动产品检验检测方法的标准化建设作为重点工作。

吉林碳谷联合下游企业开展了原丝理化指标检测方法标准化工作，实现出、入原丝"一双眼睛"指导上下游企业工艺调整。2018 年，吉林碳谷牵头提出制定大丝束行业标准，成功申请并已下达计划。用行业标准作为组织生产的依据并对下游客户承诺，客户的信任度自然大幅提升，也实实在在促进了大丝束的销售增长和产业化发展，推动了生产力的跃升。

突破新工艺的质变点，针对客户应用场景提供全套工艺技术服务，让吉林碳谷收获颇丰。公司在单位时间内消耗同等能源的条件下，实现了大丝束碳纤维成本比小丝束降低 30%，打破了日、美等发达国家对大丝束碳纤维原丝及碳纤维的技术封锁，提高了碳纤维产业的整体水平，可满足高端工业领域和民用市场的广阔需求。吉林碳谷具备了生产 1K ～ 50K 碳纤维原丝、碳丝多个品种的能力，其中 25K、48K 大丝束产品属国内首创并已规模化生产，碳纤维原丝的国内市场占有率达 90% 以上。

第四节 装备大升级：好装备打胜仗

装备强，则国强；装备优良，才能打胜仗。我国的很多产业虽然已有了长足发展，但不少是大而不强，关键问题就在于装备落后、科技含量低、生产效能差，纺织业是其中的一个典型代表。

中国一直是纺织大国，纺织厂女工在机器前"三班倒"忙碌工作的身影，已经成为传统纺织企业的代表性画面。但中国不是纺织强国，纺织企业一直靠"人海战术"的低成本方式来获取竞争优势，由于长期在低端市场徘徊，导致产品档次低、产业集中度低、劳动强度大但人均产值低，行业同质化竞争激烈。

从生产力的角度看，企业长期在低端市场徘徊，表明其全要素劳动生产率低，无法进入高端市场。要想获取高附加值、提升生产力水平，就必须找到质变点，进行深度转型升级，提高全要素劳动生产率。下面来看一家位于江苏无锡的纺织企业，是如何突破创新链上的瓶颈点，通过引入新的劳动者、劳动工具和劳动对象，进入高端化市场从而实现生产力跃升的。

无锡一棉纺织集团有限公司（以下简称"无锡一棉"）成立于 1919 年，是一家有着一百多年历史的老牌企业。无锡一棉虽然规模不大，却是全球高档纺织品领域的单打冠军，具备年产高档纱线 40 000 吨、高档织物 5000 万米的规模，产品出口全球纺织高端市场，自主品牌"TALAK"在欧洲、亚洲和美洲共

55 个国家和地区注册，与国际一线服装品牌牵手对接，特高支纱的市场占有率全球第一。

然而，无锡一棉早期定位于粗支纱和中支纱市场，在中低端市场混战厮杀，长期的同质化竞争让企业难以为继。在纺织行业中，主要有三种档次的棉纱线：粗／中支纱、高支纱和特高支纱。其中，粗／中支纱由于门槛低，竞争激烈，所以利润率低；高支纱和特高支纱的技术含量高，利润率高，代表着行业的高端市场（注：棉纱的支数越高，就表示该纱越细，要求棉的质量就越好，价格就越贵，当然技术壁垒也就越高）。

综合上述，公司领导层认为，必须研发高支纱甚至特高支纱技术，开发高档次高质量纱布产品，实现产品的升级换代，推动高档次产品的品牌建设，从而有效抵御各种风险，促进企业高质量发展。于是，公司确定了面向全方位数智赋能高端产品研产销管理的思路，以"高度专注、高端立足、打造高档纱布生产基地，做全球高支纱布领跑者"作为奋斗目标，这就是企业设定的新质生产力标杆。

但是，如何才能突破特高支纱的技术壁垒、实现稳定的规模量产？必须找到那个关键质变点。

于是，无锡一棉开始了对特高支纱线的前期研发，很快便在实验室中取得了积极进展，在国内厂商中率先纺出国际上最细的 300 支紧密纺纯棉纱。然而，当投入大规模生产时，企业便发现了一系列因工程化导致的问题，如成台细纱机纺制速度低、质量数据较差、用料消耗大等。

通过分析，企业发现这些问题共同指向缺乏能支撑特高支纱线稳定可靠生产并且能保证产品高质量要求的生产装备。传统的中低端纱线生产装备自动化、智能化程度低，导致工人劳动强度较高，已经不适应当前青壮劳动力越来越少的状况，亟须进行数字化、网络化和智能化的升级改造，才能在特高支纱规模化、产业化方面有所作为。有了上述认知，无锡一棉便将规模化生产装备的升级作为关键质变点加以突破。

从生产力的"三劳"要素分析，无锡一棉要进军特高支纱领域，就必须在生产中升级劳动者、劳动工具和劳动对象，从原来的简单重复型的一线操作工人，升级到具有数字化技术和专业设备操作水平的人机交互型知识技术人员；从原来低端的纺织机器，升级到具有智能化功能、能纺出特高支纱的技术密集型、规模化装备；从原来仅关注纱线的生产，升级到对背后大数据的处理，包括数字化生产、在线化检测等。显然，这是一个艰巨的任务。

为达到这一目标，无锡一棉开始了不懈的努力。

首先，强化基础研发工作，引进高端研发人才。

为尽快突破特高支纱技术，无锡一棉加强了纺织研究院的基础研发强度，由曾获得"中国纺织技术带头人"称号的周晔珺出任研究院院长，引进了国内纺织行业前沿的高技术人才，抽调具有丰富实践经验的技术人员补充到研发队伍中，这对企业的新型劳动者来说是一个巨大的提升。纺织研究院下设新材料应用及四个相关的研究室、一个研发车间，其中研发车间占地 6000 平方米，拥有性能精良、数字监控完备的智能化设备。另外，中心实验室购置了从原料到成品检测用的国际一流的纺织测试仪器，专门用于特高支纱的试验检测分析。

通过以上步骤，无锡一棉升级了劳动者队伍和劳动工具，下一步就是瞄准质变点发力突破。

其次，研发突破特高支纱核心纺制技术的瓶颈。

经过研发人员的努力，特高支纱的核心纺制技术取得了关键性突破：一是研发出了细纱机高倍牵伸技术，解决了特高支非伴纺成纱均匀度差的难题；二是开发出了适用于特高支纱生产的专用集聚纺装置，满足了特高支纱减少毛羽的要求；三是创造性地研发出了特高支纱初捻段捻度增强技术，解决了初捻段成纱易断头的难题；四是研发出了显微镜分析优选纤维技术，解决了特高支纱选择原料的问题，提高了特高支纱的强力，达到批量生产的要求。

再次，攻关特高支纱纺制关键设备和关键器材。

无锡一棉发现，虽然近些年国内外纺纱设备制造的自动化程度有了较大程度的提高，但这些设备并不适合特高支纱的纺制，必须走自主研发的道路。通过关键设备、关键器材的攻关和研发工作，公司攻克了一系列难题，取得了一系列科技成果，相当多的科技成果通过转化已形成产品和样机，单台设备的自动化和智能化水平处于国际领先水平。例如，网格圈的生产设备和网格圈成品完全实现了自产自用，突破了特高支纱关键器材的技术难关。

最后，改造数智车间，形成智能化特高支纱生产线。

形成一条可量产的特高支纱智能化生产线并不容易。公司一方面引入先进的物流智能技术，使用传感器、条码、射频识别、工业机器人、自动导航和数据库等技术实现各生产工序之间的互联互动和内部物料的自动转移；另一方面进行了智能化车间的整体改造。公司在2017—2018年、2019—2020年先后完成了长江纺纱车间13.5万锭、扬子江纺纱车间12.5万锭的全流程智能化数字化改造，建成了以智能工艺装备群为基础的纺纱数字化生产线，率先在纺纱制造领域建成了全过程、全业务智能协同管控平台，实现了特高支紧密纺纱智能工厂新模式应用示范。

在突破生产装备瓶颈、建成智能化工厂后，海量数据成为新的劳动对象，无锡一棉必须提升劳动者的素质，以适应高端化升级的要求。比如，企业资源计划系统和制造执行系统产生了海量数据，特高支纱纺制过程和整个生产经营过程必须利用这些大数据进行精准的分析和判断。为此，无锡一棉引进了高水平软件开发人才，结合两化融合管理体系要求，打通企业资源计划系统与制造执行系统的联系，实现信息共享，紧紧围绕特高支纱产业化生产、经营活动的实际需要，自主开发了涵盖原料分析、成本分析、市场销售分析和质量数据等的50多个数据模型，为经营决策和特高支纱的生产提供了有力支撑。

要实现新质生产力，除了对"三劳"的改造升级外，还必须改变传统的销售模式，使生产关系和商业模式更适应生产力的升级。为此，无锡一棉专门研发了全套的数字化营销技术，与装备突破带来的生产力跃升形成完美配合。

要做到这一点，无锡一棉培训出了一支熟练掌握数字化技术的特高支纱销售队伍，同时利用客户大数据分析平台，及时发现客户需求，形成精准的数据驱动的销售方法。此外，无锡一棉建立了成本分析和利润预测模型，根据客户订单的品种规格和详细要求，预判原料配棉，预算出品种的成本单价和预测出利润，进而预测订单的交付期。最后，无锡一棉构建了数字化的销售跟踪模型，能够更直观地了解特高支纱的产能分布、交货进度、客户关系变化、开台产品的利润预测等。

一套数字化的"组合拳"下来，无锡一棉建立了从人员到平台、从数据到模型的全套数字化营销方案，打开了数字化销售的局面。

无锡一棉是典型的通过创新实现产业深度转型升级的代表，通过突破创新链上的关键生产装备瓶颈，实现了劳动工具的大幅提升；通过引入新型人才，实现了劳动者的提升；通过开发针对海量数据的工业软件，实现了新型劳动对象的变化；通过引入数字化营销，实现了生产关系的变革。正是通过这一系列举措，无锡一棉攀上了全球纺织行业的最高峰。

与2016年相比，公司2022年的产量提升了25%，生产效率提升了30%，不合格品减少了18%，折标吨纱用电降低了10%，运行成本降低了22%，工人劳动强度降低了60%，万锭用工10人以内，用工成本降低了40%。其中，万锭用工10人以内的水平，达到了世界纺织企业的最高水平，全要素劳动生产率明显提升，彻底甩掉了传统纺织业劳动密集型的帽子。经中国棉纺织行业协会的市场统计，无锡一棉特高支纱的市场占有率连续多年位列全球第一，成了高档纺织品细分领域的单打冠军，新质生产力高科技、高质量、高效能的特点十分明显。

第六章

深度赋能型生产力路径

——深度赋能，
带来企业的高能效革命

赋能的本质是利用外力的加持，引发企业内在能级的提升，赋予企业更大的发展空间。就像孙悟空在打不过妖怪时，要么去搬大神救兵，要么用汗毛变出很多小猴子帮助自己一样，使自己的战斗力迅速提升。

深度赋能型生产力是当前企业发展新质生产力一条不可或缺的路径。这里的重点是"深度"，它不是一般赋能，而是企业通过这种赋能实现了强创新，突破了原来无法突破的质变点，实现了企业生产力的跃升。下面就来看看当前企业经常采用的数智、绿色范式、场景创新这三种深度赋能方式，探究企业如何通过数字化手段／人工智能技术的引入、绿色范式的植入、场景创新的开放，突破质变点、提升生产力能级。

第一节　数智深度赋能：释放数字生产力

数字化手段和人工智能技术（两者简称"数智"）的深度应用，正在重新刻画企业的运营图景和资源配置逻辑，更深刻地改变企业家的思维定式。这种趋势不以企业家的意志为转移，颇像当年互联网技术兴起时，很多企业拒绝拥抱互联网，最终被时代淘汰成为流星。

用数字化手段和人工智能技术释放的生产力，会让企业用一种速度更快、效率更高、精度更高、成本更低、效能更好的方式实现目标，甚至超越目标，这就是数字生产力的价值。这种数字生产力分布在从研发到制造、从物流到销售、从采购到财务的各个业务环节和价值增值节点上。

下面来看一家利用数字化手段和人工智能技术突破材料研发瓶颈，实现研发生产力跃升的科技型企业，这就是南京玻璃纤维研究设计院（以下简称"南京玻纤院"）。从中我们会发现，从传统研发升级到数字化研发带来的巨大威力和超乎想象的潜力，让研发的效率、精度、成本都发生了质的变化，更让整个产业化的进程大大加速。

南京玻纤院成立于 1964 年，隶属于中国建材集团，是我国唯一从事玻璃纤维及其制品研究、设计、制造和测试评价"四位一体"的综合性科研院所。南京玻纤院拥有国内一流的基础科研条件和人才团队，旗下有中国工程院院士一名，国家卓越工程师两名，10个国家级、9个行业级、12个省级创新服务平台。然而，即便具有这样雄厚的实力，南京玻纤院在研发过程中依然遇到了两个难题，使得企业的生产力一直无法得到充分发挥。

第一个难题是传统的研制模式落后、效率低下。传统的玻璃纤维材料开发受限于材料性能和成型工艺集成设计的难点，必须基于研发人员的自身经验进行反复的试错、纠错，因此集结在人身上的经验异常重要。但经验往往是非标准化的，它的丰富程度会直接影响玻璃纤维的研发周期，这使得一款牌号玻璃纤维的研发周期一般为5～10年，高端领域应用的特种玻璃纤维研发周期甚至要15年以上。

第二个难题是遭遇研发的"卡脖子"数据库封锁。2020年，涵盖36万种玻璃性能数据的国际最大玻璃材料数据库——SciGlass7.7停止向除台湾省以外的中国其他地区开放，这对南京玻纤院形成了严重的"卡脖子"数据瓶颈。院领导意识到，在数据爆炸时代，企业必须掌握新型的材料研发与设计方法，这对一向以"经验"指导研发的企业尤为重要。

更重要的是，我国玻璃纤维的年产量虽然约占全球产量的65%，但其中80%以上是中低端产品，规格也只有国外的50%左右。要实现玻璃纤维由中低端产品向高端产品的跃升，提升产品附加值，也必须寻找新的材料研发工具和方法。

怎么办？唯有向调研找答案。

南京玻纤院通过深入调研Citrine Informatics（CI）、达索（Dassault Systemes）、朗盛（LANXESS）、Digital Reasoning、Wave Computing、Prospection等国际一流企业运用大数据、人工智能和机器学习方法开展材料设计的情况，对比自身差距，深刻认识到必须通过数据驱动的研发方式变革推动企业生产力升级。这其实就是在利用数字化手段、人工智能技术为自己深度赋能。

下一步，如何找到推动研发变革的赋能工具呢？

2011 年，美国正式发布了提升其全球竞争力的材料基因组计划，提出通过整合材料计算、高通量实验和数据库，全面加快先进材料从发现到应用的速度的思路。材料基因组计划融合了计算与大数据分析技术，使产品的设计和开发更加科学、迅速，"玻璃元素 – 结构 – 性能"的计算与预测成为可能，而这正是南京玻纤院所需要的赋能工具和生产力变革方向。

要让材料基因组计划在南京玻纤院落地，真正加快从研发设计到产业化的进程，必须解决四个问题：一是计算模型问题，二是数据来源问题，三是设计方法问题，四是工程化试制问题。这四个问题一环扣一环，构成了南京玻纤院基于数据驱动的正向研发与产业化加速的内核，也成为南京玻纤院实现生产力质变的关键环节。要解决这四个问题，就必须对劳动者、劳动工具和劳动对象进行改造升级。

首先，南京玻纤院通过合作创新的方式，搭建了高效计算方法，自主形成了三大核心研发能力。

从 2016 年到 2020 年，南京玻纤院先后与美国密歇根大学、美国 SUM Technology 公司、荷兰赛先公司等在材料基因技术方面开展了科研攻关合作，探讨材料基因技术在开发高性能玻璃纤维方面的可行性。该阶段的合作颇有成效，比如突破了玻璃纤维的密度、模量关键性能的计算预测，研究成果发表在国内核心期刊《硅酸盐学报》（2018 年）和国际顶级期刊 npj Computational Materials（2020 年）上，为后续的工程化奠定了重要基础。

2020 年，南京玻纤院创新中心成立了材料基因创新团队，开始建设数据驱动材料研发的自主平台，随后联合北美团队（美国大陆地公司、密歇根大学）共同组建了具有国际竞争力的材料基因创新团队，这就是在解决新型劳动者的问题。在第一阶段研究的基础上，团队将材料基因技术与高性能玻璃纤维的研发设计相结合，解决了玻璃配方优化设计、玻璃熔制均匀性、纤维成型稳定性、表面处理适用性等工程实际问题，同时开展了高模量、低介电玻璃纤维材料基因的研究工作。

材料基因团队通过分子模拟和机器学习算法，建立了玻璃纤维化学元素 – 结构 – 工艺 – 性能的统计映射关系与定量模型，探寻材料结构和性能之间的构效关系（如图 6-1 所示）。这套方法从应用需求出发，倒推符合相应功能要求的玻璃纤维材料成分和结构，快速设计出可满足特定功能的玻璃纤维新材料，拓展了材料成分的筛选范围。高通量计算软件单次产生的高价值配方数大于 5000 条，提升了配方设计的筛选效率，大幅缩短了研发周期，真正实现了新材料研发由"试错法"向"理论预测、实验验证"模式的转变。

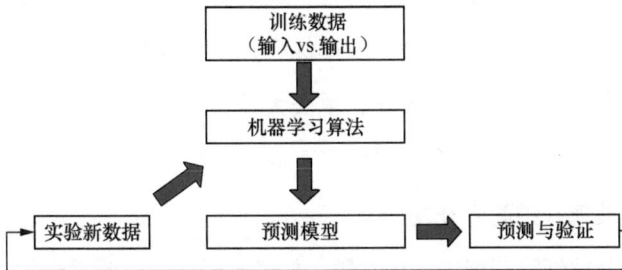

图 6-1　南京玻纤院的高性能玻璃纤维开发设计方法

经过一系列努力，南京玻纤院研发搭建了基于数据驱动的玻璃纤维成分 – 工艺 – 性能的高效计算方法，逐步形成了高通量计算方法、玻璃纤维数据库平台、多参量多目标集成设计三大核心研发能力。

其次，南京玻纤院发挥自身历史数据的积累优势，自主搭建多源异构的数据库平台。

南京玻纤院在多年的发展过程中，积累了大量有关玻璃纤维配方、性能和生产工艺的高质量试验测试数据，这一独特优势使南京玻纤院有条件构建自主数据库，解决以往有数据但没数据库的问题。通过对海量历史数据的收集和整理，材料基因团队开始建设高性能玻璃纤维多源异构数据库平台。截至 2022 年，以材料基因研究为基础开发的玻璃纤维数据库平台收录了 25 万条有关玻璃组成成分和性能的数据，覆盖了商业化应用的玻璃纤维全部性能，实现了关键产品性能和关键工艺参数的多模态数据融合、交互，彻底打破了国外的数据封锁。

再次，南京玻纤院与国内大学合作，开发材料智能设计方法。

解决了模型和数据问题后，下一步就是开发玻璃纤维材料的设计方法。由于玻璃纤维的关键性能和成型工艺之间存在复杂的耦合关系，传统的计算方法只针对单一性能目标建立计算模型，无法实现对多种目标性能和工艺参数的集成设计。因此，必须选择合理的集成策略，对多目标复杂变量进行数据处理，根据目标性能反向预测化学元素及其含量，最终实现玻璃纤维新材料的多目标性能优化和反向设计。为加快进度、发挥优势，南京玻纤院通过与国内的材料基因技术顶尖高校（如北京科技大学、重庆大学、上海交通大学）合作，将前沿技术与玻璃纤维的设计相结合，实现了可满足多种目标性能和工艺要求、成本兼顾的高性能玻璃纤维配方开发。

最后，南京玻纤院开展工程化试制，打通基于一流试验平台的工艺路线。

有了计算方法、数据库平台，解决了设计问题，试制落地就成为南京玻纤院的重头工作。为打通从配方到产业化的路径，南京玻纤院主要从以下三方面入手。

一是搭建工程化试制平台。南京玻纤院借助特种玻璃纤维国家重点实验室和众多小平台项目的建设，组建特种玻璃纤维研发与小、中试试验开放平台，开展高性能玻璃纤维拉丝工艺性能的工程化试制。

二是开展试制验证。材料基因团队通过与内部的特种纤维公司合作，首次对计算开发出的具有国际领先水平的高比模量玻璃纤维配方进行工程化验证。结果表明，玻璃纤维的模量突破了 95GPa，比模量为 3.77，优于目前大规模应用的玻璃纤维产品，具有极好的成本优势，奠定了商业化基础。

三是打通工艺路线。为实现玻璃纤维产品真正的商业化，必须解决多品种高强玻璃纤维的柔性制造难题。为此，南京玻纤院构建了特种玻璃纤维"一步法"制造平台，实现了特种玻璃纤维工艺与应用性能的良好匹配。"一步法"技术的成功应用大幅提升了高强玻璃纤维的生产效率，实现了系列化高强玻璃纤维的短流程、高效率、高质量制造。

经过上面四个步骤，南京玻纤院使材料基因技术真正实现了落地，打通了从研发设计到产业化的一系列瓶颈、难点，形成了正向研发闭环（如图 6-2 所示）。

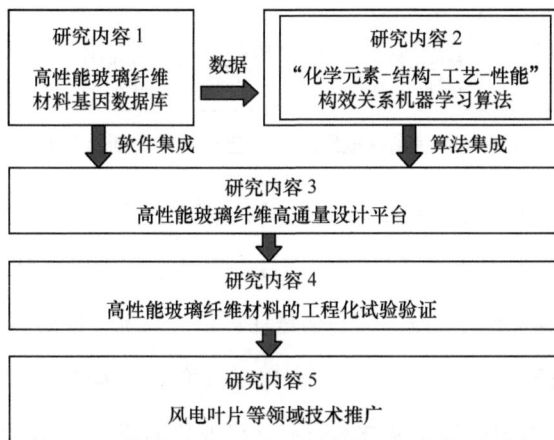

图 6-2　南京玻纤院的高性能玻璃纤维材料正向研发闭环

为使新型研发手段的落地更为顺畅，南京玻纤院对组织架构进行了扁平化管理的优化调整。2016 年 8 月，南京玻纤院专门组建了高性能纤维及复合材料产业创新中心（如图 6-3 所示），中心主任由院领导兼任，确保顶层设计与战略推进；中心内设专职办公室，负责创新项目的引入、过程服务及转化；中心下设多个专业化团队，团队运营需要的科技、人事、财务、法务等服务职能由院各职能部门设专人与团队对接；搭建科学技术与投融资两个专家委员会，参与重大决策咨询和创新团队的引入评审，负责创新过程中重大项目的论证、立项、评审、验收。专业化创新组织的设置与扁平化管理方法的应用，使南京玻纤院从材料开发到工程化和商业化的应用，成为紧密关联的"一条龙"，而不再彼此割裂，形成了适应生产力发展的良性生产关系。

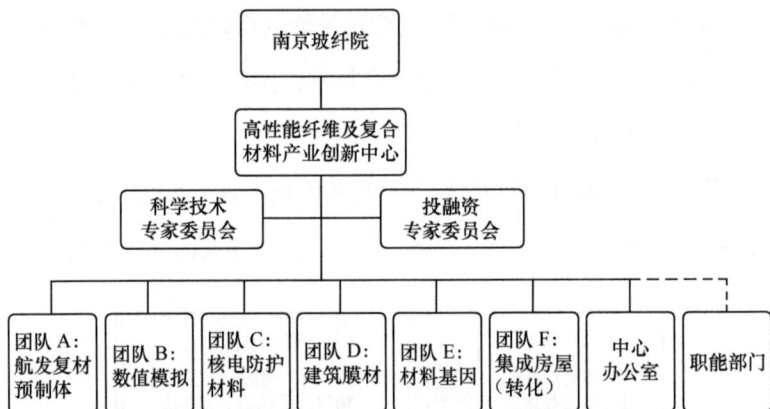

图 6-3　南京玻纤院高性能纤维及复合材料产业创新中心组织架构

基于数据驱动的新型研发方式应用，南京玻纤院在国际上首次将材料基因技术与玻璃纤维研发设计及生产工艺相结合，填补了高性能玻璃纤维领域的研发空白；开发了玻璃纤维成分设计的高通量计算软件系统，推动高性能玻璃纤维研发周期从 10～15 年缩短至 3～5 年，研发效率大幅提升，突破了关键材料的"卡脖子"瓶颈，有效降低了从技术研究到产业化的资金投入规模，相关资金降幅达 52%，实现了研发生产力的跃升，充分体现出了新质生产力高科技、高质量、高效能的特点。

从南京玻纤院的案例可以看出，当数字化手段和人工智能技术被深度应用于研发过程时，往往能使企业在较短时间内找到攻克"卡脖子"技术瓶颈的有效方法，虽然并没有诞生新的技术路线，却能显著提升研发设计的效率和精度，使企业的生产力实现跃升。在这个时代，我们拥有这样强大的赋能工具，真是一种幸运，它使企业省去了大量不必要的人力成本，真正聚焦人类本身的创造性，让创新驱动成为现实可能。

第二节 绿色范式深度赋能：从约束力到生产力

传统生产力由于具有资源能源高消耗、生态环境高污染等特征和局限性，有人称其为"黑色生产力"。在全球环保呼声愈发高涨的今日，绿色赋能的理念犹如一股清新的风，翻开了可持续发展的新篇章。这一理念不仅仅局限于减少污染、降低能耗的传统框架，更引领着绿色变革的浪潮。这种转变如同凤凰涅槃，使生产力从沉重的污染枷锁中挣脱出来，将负面约束转化为无限动力，以绿色为底色绘制出一幅生产力转型升级的壮丽画卷。

以前，人们有一种误解，认为绿色环保、"双碳"目标等是对企业的约束，但如今越来越多的企业将它变成催生新质生产力的重要路径。所谓绿色赋能，是指以绿色发展理念为指引，以绿色技术、绿色金融为支撑，对生产力要素进行生态化重塑，可以形成新质生产力，实现生态效益、经济效益、社会效益的统一。

首先，绿色发展理念是引领生产力转型的指南。这一理念打破了传统"先污染后治理"的模式，转向了一种更加可持续的绿色发展道路。在这一理念的指引下，企业开始重新审视自身的生产方式和发展战略，将生态环境保护纳入核心考量，开始注重资源的高效利用和循环利用，推动生产方式向绿色、低碳、循环转变。

例如，美的集团秉持绿色发展理念，发布实施绿色战略，致力于为全球消费者提供卓越的绿色产品和服务，围绕绿色设计、绿色采购、绿色制造、绿色物流、绿色回收以及绿色服务等关键环节，打造了一条全流程的绿色产业链。

其次，绿色技术是推动生产力变革的关键驱动。企业应用先进的绿色技术，促进了生产流程优化和能耗降低，减少了污染排放，实现了生产效率和产品质量的双重提升。

例如，企业采用可循环流程生产技术，可以回收和重复利用废钢，开展炼钢废气、炼钢渣等综合利用，有效地提高钢铁生产的效率，同时也可以极大地降低对环境的污染。未来，随着技术的不断发展和创新，这些技术将会更加成熟和完善，使钢铁生产更加环保、节能、高效。此外，绿色技术还能够促进新兴业态发展，推动经济结构的优化升级。新能源、节能环保、智能制造等领域的发展，都离不开绿色技术的支撑。比如，随着新能源技术的不断进步，太阳能、风能等清洁能源得到了广泛应用，推动了新能源汽车、智能电网等产业的快速发展。

最后，绿色金融发挥着不可或缺的助推作用。绿色金融通过构建高效、结构合理的金融市场，创造性地运用绿色信贷、绿色债券、绿色股权投资、绿色保险等金融工具，将社会资本精准引向具有生态效益和经济效益的产业领域。这种金融模式不仅为技术创新和绿色产业发展提供了有力的资金支持，更为企业提供了更加多元、灵活的融资渠道。

例如，一家大型水务公司为了改善供水设施，提高水资源利用效率，发行了绿色债券。该债券所筹集的资金专门用于环保和节水项目的投资。投资者在购买债券的同时，也参与了环保事业，实现了经济效益和环境效益的双赢。

下面通过两个实例来看看企业如何通过绿色赋能实现可持续发展。第一家企业是葛洲坝集团水泥有限公司（以下简称"葛洲坝水泥"），就是一个以绿色赋能实现传统行业焕新的典范。近年来，公司紧紧围绕节能减排、资源综合利用、新型道路材料研发及水泥窑协同处置城市垃圾几大核心领域，做好"加减乘除"法，以坚定的步伐向着清洁、高效的高新技术企业迈进。

做"加法"，葛洲坝水泥围绕节能减排及资源综合利用、污水污泥处理及矿山尾矿填埋等课题，持续加大投资力度，推动企业的绿色转型。葛洲坝水泥主动引入先进的水泥纯低温余热发电技术，在所属窑线企业全部配套建设纯低温余热发电站，年发电约 4.2 亿度，相当于每年节约标准煤 5.2 万吨，同时还可以减排二氧化碳 15 万吨。同时，葛洲坝水泥积极延伸产业链，实施多元化经营战略，将研发制造、市场营销、新型建材、环境工程、砂石骨料、商砼服务、物流配送、技术咨询等业务融为一体，形成了一体化的运营模式。

做"减法"，葛洲坝水泥展现出了壮士断腕的决心，制订了严格的计划，短短两年时间内成功淘汰了 425.7 万吨的相对落后产能，不仅使企业在节能减排方面取得了显著成绩，也为企业未来的绿色转型铺平了道路。

做"乘法"，公司探索了新模式新机制。一方面，在传统业务领域深耕细作，与水泥行业的非公有制企业实施重组，实现了资源的优化配置和产业链的深度融合。另一方面，在新兴业务领域，积极寻求与科研机构、环保企业的合作机会，通过整合技术、收购股权等方式，高起点挺进环保产业。

比如，葛洲坝水泥利用厂内屋顶建筑顶部建设光伏发电设备，光伏电站装机规模为 4.95 兆瓦，采用"自发自用，余电上网"的方式接入电网，年均提供清洁电能 464.42 万千瓦时，每年节约标准煤 1310 吨。

做"除法"，公司提出了"以效益论英雄"的理念。公司在追求经济效益的同时，也追求生态效益、社会效益和员工效益，不仅革除了单纯追求产值的弊端，还极大地激活了员工的积极性和创造性。公司引入绿色信贷、绿色债券等金融工具，探索将贷款利率优惠与企业碳减排成效挂钩，获得了低成本的资金支持，用于引进先进的节能降碳技术和设备，改造生产线，降低能耗和排放。同时，绿色金融还帮助公司构建了绿色供应链，促进绿色采购和绿色生产，推动整条产业链绿色发展。

看过了葛洲坝水泥的做法，我们再来看另一家在绿色转型赋能新质生产力上颇有心得的企业，它就是位于石家庄的河北钢铁集团。这家企业用颠覆传统行业的"氢冶金"绿色新技术路线，带来了全球钢铁行业的大变革，实现了绿色生产力的大提升。

2023 年 5 月 31 日，中国钢铁工业协会给河北钢铁集团（以下简称"河钢集团"）发来一封贺信称："……这是氢冶金核心关键技术创新的重大突破，是中国钢铁史乃至世界钢铁史上由传统'碳冶金'向新型'氢冶金'转变的重要里程碑，引领钢铁行业迈入'以氢代煤'冶炼'绿钢'的时代。"

是什么能让河钢集团获得权威机构如此高度的评价呢？源于河钢集团干了一件全世界都没人干过的事，那就是用氢冶金替代了碳冶金，其全球首例120万吨氢冶金示范工程一期获得圆满成功。当前，钢铁企业普遍采用的冶炼工艺是"高炉＋转炉"的模式，在高炉冶炼出铁水，再经转炉熔炼成钢，这种模式被称为长流程炼钢。而河钢集团改变了传统炼钢的底层工艺技术，创造了一种不同于传统主流技术的绿色炼钢方法，使以前高污染、高能耗的炼钢，变成近零排放的绿色炼钢。毫无疑问，这是一条大胆又有新意的技术路线，是一种不折不扣的新质生产力。

为了让这条新技术路线落地，河钢集团走过了"基本原理－技术方案－CCUS应用－示范工程－绿色钢厂"的不凡之路，经历了"三劳"的优化改造升级。

在培养新型劳动者方面，河钢集团通过与中国科学院、东南大学、北京科技大学、昆士兰大学等国内外知名院校及诸多企业合作，同时还承担主持了"钢铁行业多工序多污染物协同控制技术"等多项国家重点专项，不断培养适应"氢冶金"转型的专业人才队伍。

在升级新型劳动工具和改造新型劳动对象方面，河钢集团从以下几个方面切入，打通了从基本原理到关键技术和装备，再到工程化示范应用的绿色转型全链条。

首先，揭示氢冶金的基本原理。

河钢集团的氢冶金技术攻关团队经过研究，提出了氢冶金的基本原理：富氢焦炉煤气含有55%～65%的氢气、15%左右的甲烷，利用氢作为还原剂代替碳还原，通过先进的零重整技术，还原气体中的氢碳比可达到8:1以上，是目前工业化生产中含氢比例最高的气基竖炉直接还原工艺。氢气在高温高压环境中与氧化铁反应，生成铁元素和水。同时，竖炉反应器针对高比例氢含量进行优化设计，预留绿氢切换功能，这为未来解决绿氢经济稳定供应问题后，实现100%绿氢竖炉直接还原提供了基础，从而在源头上解决了碳排放问题。

简单来说，采用氢气作为还原剂和过程燃料，是氢冶金与传统高炉炼铁的本质区别：高炉炼铁是铁矿石和焦炭反应，将铁矿石中的氧化铁还原成单质铁，变成铁水；而氢冶金是氢与铁矿石反应，置换出铁矿石中的氧。与传统工艺相比，氢冶金在实现传统化石能源替代的同时，也改变了整个冶金的生产流程。氢冶金技术省去了高炉等流程，所产出的直接还原铁（DRI）产品直接转入电炉，工艺流程环节减少，复杂度也大大降低。能源的转换，加上冶炼流程的缩短，氢冶金带来的最直接的改变是碳排放量的变化。

其次，推动CCUS关键技术应用。

河钢集团发现，要落地氢冶金技术方案，二氧化碳捕集、利用与封存（CCUS）技术是突破低碳工艺技术瓶颈、实现深度脱碳的关键。于是，河钢集团聚焦研发具有国际领先水平的CCUS关键技术，捕集二氧化碳并将其精制成工业级液体二氧化碳和食品级液体二氧化碳，在其生产线应用后每生产一吨直接还原铁可捕集约125千克二氧化碳，年生产二氧化碳副产品约6万吨。基于该技术，河钢集团牵头成立了河北省CCUS产业技术联盟，依托河钢集团丰富的应用场景，构建了覆盖碳捕集、碳利用、碳封存、碳核证、碳监测、碳资产的CCUS全流程发展体系，形成了可复制、可推广的钢铁行业深度脱碳全流程一体化解决方案。

再次，落地全球首例120万吨氢冶金示范工程。

突破基础研发的技术瓶颈只是第一关，关键是必须形成落地的新型冶炼模式。河钢集团采用协同模式，在引进国外先进技术的基础上，集成了多项国内外先进技术，探索实践富氢气体直接还原核心技术、煤气微晶吸附深度净化技术，推动全球首例氢冶金示范工程建设。2019年10月，河钢集团提出了氢冶金示范工程的设想；2019—2020年，完成了筹备工作；2021年5月，项目启动建设；2022年12月16日，示范工程一期全线贯通；2023年5月，正式实现了安全顺利连续生产直接还原铁产品的目标，各项指标均达到世界领先水平。

最后，建成国内首家短流程特钢厂及世界首家长流程绿色钢厂。

基于氢冶金示范工程的成功应用，河钢集团集成应用 70 多项国际先进的节能减排技术，推动"废钢－电炉"短流程炼钢技术的应用，建成了国内首家全废钢电炉短流程绿色低碳特钢企业——石钢新区。该企业以废钢为原料，以电和天然气为主要能源，实现零煤、零焦清洁生产，能耗和污染物排放大幅降低，达到废水零排放，在生态环境部组织的"2022 钢铁行业绿色发展水平评估"中，获得最高级别的"绿色发展领先水平"评价。同时，河钢集团在行业内首次从长流程工艺设计层面，将下属的唐钢新区打造成环保绿色化、工艺前沿化、生产线智能化、流程高效化、产品高端化的世界级现代化沿海钢铁工厂，走出了一条长流程低碳转型的新路径。

新质生产力一定是绿色生产力。传统钢铁厂给人的印象是冒着黑烟、污染严重、能耗极高，但河钢集团采用的氢冶金新技术路线，却让这一幕成为历史，与传统的"高炉＋转炉长流程"工艺相比，它带来的效果令人震撼：

——在碳排放方面，新工艺技术每年可减少 80 万吨、约 70% 的碳排放，相当于塞罕坝林场一年的固碳量；

——在污染物排放方面，新工艺技术可减少二氧化硫 30%、氮氧化物 70%、粉尘颗粒 80% 以上的排放；

——在绿色能源制氢、工业副产气制氢、氢冶金关键技术集成、原料制备、污染物高效治理等方面形成了多项自有技术和核心成果，"氢冶金直接还原关键技术与示范"等 6 项科技成果入选《国际氢能领先技术成果册》；

——生产的绿色低碳热锻模具钢，售价比普通模具钢高 50% 以上，经济效益显著。

让绿色从原来的约束力变为新质生产力，需要的不只是理念的转变，更需要实际落地的探索，这既是新的机遇，也是新的挑战。

第三节 场景创新深度赋能：从闲置到有效

近年来，"场景"成为一个高频热词，频频亮相于新闻媒体中，不仅成了企业和地方关注的热点，更是激发创新思维、发展新质生产力的强大引擎。那么，场景究竟是什么呢？企业又如何借助这一新兴力量，实现生产力质的飞跃呢？

"场景"一词源于戏剧和电影，意指舞台布景构成的一个场面或环境。它不仅是时间和空间的设定，更是情感与故事的舞台。想象一下，当镜头缓缓推进，我们仿佛穿越时空，置身于繁华都市的霓虹街头，或是漫步在静谧乡村的田野小径。每一个场景都如同一幅流动的画卷，将我们带入一个五彩斑斓的世界，与角色共情，体验他们的喜怒哀乐，共同经历故事的跌宕起伏。

然而，在互联网时代，场景被赋予了更为丰富和生动的内涵。它不再局限于电影银幕的边框之内，而是融入了我们日常生活的每一个角落。借助大数据、移动设备、社交媒体、传感器和定位系统等科技手段，我们能够重构生活的画面，创造前所未有的新场景。

以滴滴和优步等出行应用为例，只需轻轻一触，我们就能随时随地召唤专属的座驾，告别漫长的等待和拥挤的公共交通。这种全新的出行场景不仅让我们感受到了前所未有的便利，更为城市交通的智能化和绿色化注入了新的活力。同样，电商平台（如淘宝、京东等）也为我们带来了全新的购物场景。它们打破了传统实体店的限制，让我们足不出户就能浏览全球的商品、比较价格、查看评价。在购物的过程中，我们还可以与卖家沟通、讨价还价、分享购物心得。这种全新的购物场景不仅让我们享受到了购物的乐趣，也给传统零售业带来了前所未有的挑战和机遇。

场景不仅是应用的前沿，更是研发创新的重要源泉。通过深入挖掘和改造现有场景，我们能够打破传统思维，创造全新的技术方案、商业模式和用户体验，为新技术和新企业的发展注入强大的动力。以太空旅行为例，这一宏大而充满挑战的场景正推动科技不断突破。一群天才工程师正致力于研发先进的太空舱，他们不仅要确保航天员在太空中的生命安全，更要让航天员在漫长的太空旅程中感受到如地球般的舒适与便捷。这一场景下的创新需求，正倒逼新材料、新能源、生命支持系统等多个领域的快速发展。此外，还有许多类似的场景正激发着创新的火花。比如，智能家居场景推动了物联网、人工智能等技术的融合与应用；智慧城市场景促进了大数据、云计算等技术的深度开发与应用。这些场景不仅为我们提供了丰富的创新土壤，更为新技术的应用提供了广阔的市场空间。

场景赋能是指通过构建和应用特定场景，对劳动者、劳动资料、劳动对象进行有效整合和优化配置，从而加速形成新质生产力。与传统的"先研发后转化"的科技成果转化模式不同，在场景赋能驱动创新的模式中，创新动力从科学家的好奇心转向商业需求倒逼的技术创新；创新环境从实验室走向真实的市场环境；创新主导方从科研院所扩展到科技企业甚至个体创客；创新参与主体形成了来自科学界、产业界和投资界各方人士的创新联合体。创新的过程浓缩在真实的市场验证环境中，从过去的"先研发后转化"的历时性创新，走向技术研发与商业化同时发生的共时性创新。这种创新并非简单地应用新技术或挖掘需求，更是一种深刻的洞见，一种对未来世界的预见和塑造。

场景赋能正在成为企业实现爆发式成长的引爆点。让我们来看看人工智能领域的几家独角兽企业。商汤、旷视、依图、云从等企业在人脸识别安防领域取得了显著的成就。这些企业凭借在人脸识别技术上的领先优势和对安防场景的精准把握，成功地将技术应用于金融、公安、交通等多个领域，实现了业绩的快速增长。除了人脸识别安防领域外，其他领域也涌现出了一批凭借场景赋能实现爆发式成长的企业。

以极智嘉公司为例，该公司专注于自主移动机器人的物料搬运场景的研发。在物流行业中，物料搬运是一个既烦琐又重要的环节。传统的物料搬运方式需要大量的人力和时间，而且效率低下、易出错。极智嘉的智能机器人通过自主导航、智能调度等技术手段，实现了物料的自动化搬运和管理。这不仅提高了物流行业的效率，也降低了企业的运营成本。成立短短五年时间，极智嘉便迅速成长为独角兽企业，全球市场占有率高达 10%。

在出行领域，车企与科技企业联合孵化的 T3 出行也为我们展现了场景赋能的巨大潜力。传统的共享出行方式存在诸多问题，如车辆调度不合理、用户体验不佳等。T3 出行通过引入人工智能车联网技术，实现了车辆的智能调度和路线规划。用户只需在手机上轻轻一点，就能预约到附近的车辆并享受便捷的出行服务。

以智能家居领域为例，小米始终关注家庭场景的需求和痛点。通过深入了解用户的生活习惯和需求，小米推出了多款智能家居产品，如智能音箱、智能灯泡、智能摄像头等。这些产品不仅具有高性价比和易用性，还能通过智能联动实现家居设备的互联互通。用户只需在手机上轻轻一按，就能实现远程控制和语音控制等功能。

对于一个企业而言，如何借助重大场景发展新质生产力呢？至少包括以下三个步骤。

第一步，以需求为导向构建精准化场景。以真实的应用需求为导向，打造与产业紧密融合的应用场景。具体来说，需要深入了解产业的现状和发展趋势，发现产业中的痛点和难点问题，并结合新技术的特点和优势，打造与之相适应的应用场景。这些场景应该具有针对性和前瞻性，能够真正解决产业中的实际问题。

例如，在智能制造的场景中，可以结合制造业的实际需求，打造智能制造生产线、智能仓储物流、智能质量检测等应用场景。这些场景能够提升制造业的生产效率和质量水平，降低生产成本和能耗水平。这种需求通常并不是宏观层面的需求，更多是从"小切口"入手找到高价值场景，将新技术应用于真实而具体的"点"，通过点的突破带动一系列问题的解决。

OpenAI 自 2015 年成立以来，经历了从 GPT-1 到 GPT-3.5 的技术积累，直到 2022 年 ChatGPT 的发布才真正引发了全球热潮。尽管从技术上看 ChatGPT 与 GPT-3.5 相差无几，但 ChatGPT 成功找到了问答知识机器人这一高价值场景，从而实现了技术的颠覆性应用。DeepMind 同样拥有强大的技术实力，AlphaGo 和 Alpha Fold 2 等成果均证明了其在人工智能领域的领先地位。然而，相较于 OpenAI，DeepMind 在商业化场景的探索上稍显滞后。ChatGPT 的火爆让谷歌意识到，即便拥有顶尖技术，如果没有与之匹配的高价值场景，也难以实现商业价值。

第二步，以场景为纽带实现资源优化配置。场景不仅是连接技术和产业的纽带，更是实现资源优化配置的重要平台。通过场景这一纽带，可以对技术、资源、人才等要素进行有效整合和优化配置，实现资源的最大化利用。

以智慧城市为例，智慧城市是一个集成了多种技术和应用的复杂系统，需要通过构建各种应用场景，将各种技术加以整合、优化。例如，在智慧交通场景中，我们可以通过集成物联网、大数据、云计算等技术，实现交通信息的实时采集、处理和传输，提高交通管理的效率和准确性；在智慧安防场景中，我们可以通过集成视频监控、人脸识别、智能分析等技术，实现安防信息的实时监控和预警处理，提高城市的安全水平。

第三步，以场景为平台鼓励跨界融合。在场景赋能的过程中，需要打破传统产业的界限，鼓励不同领域、不同行业之间交流和合作，推动新技术、新应用等在产业中创新应用。

以新能源汽车为例，新能源汽车是一个集成了汽车制造多个领域的产业，可以结合汽车制造、能源供应、互联网服务等多个领域的技术和应用打造新能源汽车的充电、运营、服务等应用场景。这些场景的建设和应用不仅能够提升新能源汽车的使用便利性和用户体验，还能够促进相关产业的发展和壮大。同时，这些场景的建设和应用也需要不同领域、不同行业之间紧密合作和协同创新。

例如，汽车制造商需要与能源供应商合作解决新能源汽车的充电问题；互联网服务商需要与汽车制造商合作提供智慧出行解决方案等。这种跨界融合的合作模式不仅能够推动新能源汽车产业的发展，还能够促进相关产业的进步和繁荣。

字节跳动旗下的抖音短视频平台，便是场景创新赋能企业成长的杰出代表。抖音通过短视频这一独特形式，打破了传统视频分享平台的局限，通过引入音乐、特效、挑战等多种互动元素，为用户打造了一个充满活力的社交和娱乐场景。用户可以在抖音上展示自己的才艺、分享生活中的点滴，也可以通过参与挑战、互动游戏等方式与其他用户进行互动，形成了一种全新的社交方式。这种场景创新不仅吸引了大量用户的积极参与，也为企业带来了巨大的商业价值。在抖音上，用户可以随时随地发现新的内容、新的趋势，这种即时性、互动性和个性化的特点，让抖音成为一个极具吸引力的平台。借助抖音精准的用户画像和智能推荐算法，企业可以将产品和服务精准推送给目标用户。

抖音的场景创新还为企业带来了强大的品牌影响力。抖音作为一个年轻、时尚、充满活力的平台，已经成为许多人生活的一部分。通过抖音，用户可以接触到最前沿的时尚、音乐、文化等元素，感受到一种全新的生活方式。抖音的场景创新不仅体现在内容创作和互动方式上，还体现在其技术架构和算法优化上。抖音通过引入大数据、人工智能等技术，实现了对用户行为的精准分析和预测，可为用户提供更加个性化的内容推荐和互动体验。同时，抖音还不断优化其算法和技术架构，提升平台的稳定性和其他相关性能，确保用户能够流畅、稳定地使用平台。未来，随着技术的不断进步和市场的不断变化，抖音将继续探索场景创新的可能性，为用户和企业创造更大的价值。

海康威视作为全球安防行业的领军企业，其快速成长的秘诀之一便是深入理解和利用场景赋能。首先，深入洞察场景需求。海康威视始终将场景作为产品和服务创新的出发点。通过对各个行业、各个领域的深入调研和洞察，准确把握不同场景下的安全需求和管理痛点。其次，打造场景化解决方案。基于对场景需求的深入理解，海康威视致力于打造场景化的解决方案。这些解决方案不仅涵盖了安防监控、门禁管理、智能分析等传统功能，还融入了物联网、云计算、大数据等技术，实现了对场景的全方位、智能化管理。海康威视还提出了场景数字化业务，开辟非安防领域的第二增长曲线。海康威视为喜多多工厂提供了 X 射线智能异物检测服务，可精准识别并剔除不合格的罐头，每分钟的检测数高达 650 个，可高效完成食品安检。针对工业皮带故障，海康威视利用光纤振动监测，结合 AI 技术，可实现精准异常诊断。最后，构建场景生态。通过与各行业的领军企业建立合作关系，海康威视能够获取更多的场景资源和市场机会。同时，公司还积极参与行业标准和规范的制定，推动整个行业的健康发展。通过构建场景生态，海康威视不仅实现了自身的快速成长，还带动了整条产业链的繁荣。

国家电网是央企面向中小企业开放应用场景的典型代表。随着科技的不断进步和能源结构的转型升级，智能电网已成为电力行业发展的重要趋势。在这一背景下，智能电表作为智能电网中的"神经末梢"，其数据采集、用户管理等功能愈发重要。国家电网，作为我国电力行业的领军企业，拥有庞大且复杂的电力网络和丰富多样的应用场景。然而，面对日益复杂的市场需求和技术挑战，国家电网意识到，仅凭自身之力难以全面满足这些需求。因此，国家电网决定向广大中小企业开放智能电表的应用场景，推动智能电表技术的创新与升级。

首先，国家电网为这些中小企业提供了宝贵的实际应用场景和测试环境。通过开放电力网络，使中小企业能够在实际环境中验证产品的性能和稳定性，为产品的改进和优化提供了有力的支持。

其次，国家电网与中小企业共同制定了智能电表的技术标准和规范。在充分听取中小企业意见的基础上，结合电力网络的实际需求，制定了既符合国家标准又满足市场需求的智能电表技术标准和规范，确保了产品的兼容性和稳定性。同时，国家电网还协助中小企业进行市场推广和品牌建设。在国家电网的支持下，中小企业凭借自身的灵活性和创新力，不断推出具有更高精度、更低功耗、更多功能的新型产品。更重要的是，智能电表的广泛应用不仅提高了电力行业的运行效率和管理水平，还为用户提供了更加智能化、个性化的服务。通过向中小企业开放应用场景，国家电网成功推动了智能电表的技术升级，为电力行业的数字化、智能化转型提供了有力支撑。

对于企业而言，场景是企业成长不可或缺的战略资源，更是形成新质生产力的重要支撑。企业家需敏锐捕捉这一时代机遇，运用场景思维和方法论，深度挖掘场景背后的价值，持续创新场景应用，以高价值场景为用户带来前所未有的体验，塑造企业新的竞争优势，打造源源不断的新质生产力。

第七章

管理变革型生产力路径

——管理变革，
使企业生产力倍增

管理是不可或缺的生产力，对中国企业来说尤为如此。当我们从要素驱动转向创新驱动、从传统生产力转向新质生产力时，更需要通过管理的深度变革和专业化提升，方能实现终极目标。

新质生产力的发展经常受制于机制的僵化和管理手段的落后。僵化的机制和落后的管理手段不仅严重影响了科学家、工程师、创新人才等新型劳动者活力的释放，还会限制数字化手段、人工智能技术等新型劳动工具全面发挥其作用，更难以适应数实共生、科技成果转化等新型劳动对象的要求。改良生产关系、变革管理方法，是现实中企业加快形成新质生产力的一条见效快、效果好的路径。本章基于企业案例分析，从四类管理方法的变革切入，阐述内创平台管理、强生态圈管理、全域精益管理和创新激励管理在企业打造新的增长极、突破创新瓶颈和提升生产效能中的独特价值。

第一节　内创平台管理：引爆内部核弹头

如今，企业通常通过科技创新和成果转化来探索新兴业务领域、寻找新的增长极，面临的挑战越来越大。究其原因，在技术路线稳定的前提下，企业用砸钱的方式开发新产品大概率是有效的，因为大致可以预判可能会产生的技术发展和产品开发结果。然而，在如今技术极速发展、面临多条不确定的技术路线的年代，企业很难提前判断某个技术方向或某项创新成果的前景如何，必须进行大量试错。一家曾缔造爆款新能源汽车的国企汽车公司运营部门负责人说，"我们现在必须搞内部创业去探索一些前沿方向，因为不知道未来会发生什么……我们花很小的成本，投一些创新项目，说不定就投准了，这比之前一下子投入大量资金砸某一个方向要好。以前那种方式，万一你看错了，怎么办？"

如何找到一种低成本、高效率的试错方式？通过科技创新突破形成新质生产力，已经不再是科技创新本身的问题，必须通过企业管理方式的变革加以解决。事实上，新质生产力就是以创新为核心特征的生产力，试错是新质生产力与生俱来的根本方法。如今，越来越多的企业开始采用内部创业的方式进行快速低成本试错，将传统的封闭组织打造成一个开放的内创平台，通过这种组织变革和管理方法的改进，更高效、更精准地推动科技创新和将科技成果转化为现实生产力。

内部创业是在企业内部开展的创业活动，它利用企业资源为内部创客和项目提供赋能，有一套自己的独特运行机制，这是与外部独立创业最大的区别。两者各有特点，没有优劣之分。

下面来看徐工基础和华工科技两家企业的具体做法。这两家企业都是"大块头"的科技制造型企业，传统观念认为它们"船大难调头"，对市场和创新的反应迟缓，也难以激发科技人员的活力。但实际上，这两家企业通过各具特色的内部创业，让自己在形成新质生产力的道路上一路狂奔，成效显著。

徐工基础工程机械有限公司（以下简称"徐工基础"）是大名鼎鼎的徐工集团下属全资子公司，成立于2010年3月，专门从事桩工机械、非开挖机械、煤矿机械的研发和制造，打桩机就是其拳头产品。

与一般企业遇到困难再去搞创新不同，徐工基础自成立以来一直发展势头良好，其主营业务的国内市场占有率达到40%左右，产品出口全球70余个国家和地区。但越是发展顺利，公司领导越是清醒地意识到背后隐藏的巨大危机：公司发展和行业市场都进入了稳定的成熟阶段，未来业务想要实现较大幅度的提升或产品销售实现爆发式增长不太可能。如何确保公司长期的可持续增长，成为摆在公司领导面前的一道难题。经过大量调查研究，公司决定：必须打造新的高端业务增长点，让新技术、新产品快速产业化、形成生产力，这成为企业确立的新质生产力标杆。

但是，具体怎么做？是采用传统的大军团作战模式，投入巨资砸某个新产品、新技术方向，还是换一种更灵活的模式去快速试错，然后再大举跟进？徐工基础在实践中摸索出了一种"岗位创业、赋能赋权、增益分享"的新产品新技术快速产业化机制，核心就是内部创业。

所谓岗位创业，是指鼓励有能力、有想法的员工在不脱离原有岗位的前提下，以第二身份组成新产品孵化创业团队，利用现有资源平台进行产业孵化。那么，这种内部创业式的孵化管理与传统的创新研发管理有何不同呢？它又是如何引爆企业内部创新核弹头的？下面来看具体做法。

第一个不同，是项目生成机制的不同。

传统的创新研发项目通常由公司指定，创新研发部门负责实施。岗位创业的项目生成既可以由有能力、有想法的员工自主申报，也可以由外部相关方（如供应商、经销商、大客户）提出并参与孵化，尤其以外部相关方提出项目并参与其中是一大亮点。这源自徐工基础对创新一线的深刻理解。徐工基础认为，真正"听得见炮声、看得见硝烟"的，是那些与市场接触紧密、对工程项目的设备特殊需求有着精准把握的客户和经销商，他们甚至还具备产品设计、方案构思的能力。正是发现了这一点，徐工基础大力鼓励由客户、经销商等外部专家共同提出产品创新需求，公司选择有能力的员工与客户、经销商共同组建孵化创业团队，快速实现客户定制化生产需要，并进行产业化推广。

这样一种独具特色的项目生成机制，为徐工基础带来了多款领先的产业化创新产品，隧道清理机器人就是典型代表。

2017年6月，国内某核电研究院提出隧道清理机器人的市场需求较大，但国内尚无该类产品。敏锐察觉到这一市场需求的徐工基础，迅速选派技术骨干与该研究院共同组建隧道清理机器人孵化创业团队。团队成员跨部门高效协作，用了不到一年的时间就完成了技术研发和产品试制，并进行了七天七夜不间断施工的可靠性作业试验，顺利通过设备验收，得到了客户的高度赞扬，很快便签订了战略协议。

究其本质，这种做法是徐工基础在项目早期阶段就把产业链上下游相关方纳入进来，创造了一种前置型的内部创业生态和并行开发场景，使各方达成全生命周期内的协同共生，而不是传统的"研发 – 产品 – 推广"线性模式。显然，这种模式能大大加快现实生产力的形成，而不只是形成某项科技创新成果。

第二个不同，是项目团队组建方式的不同。

在组建内部创业团队时，徐工基础采用了一种颇有创意的团队负责人与成员"双向选择"的方式，既尊重双方意愿，也相互监督激励。一方面，项目负责人把"研、产、供、销、服"各职能部门满意的成员网罗到团队中，如果推进过程中有成员缺乏热情、行动拖拉迟缓，影响团队的整体战斗力，负责人可以将这些不称职的成员踢出团队；另一方面，团队成员可以自主选择项目，如果发现项目负责人无法带领团队完成相应指标，自己留在团队里难以发挥作用，或感觉产业发展前景黯淡，可以选择自行退出，申请加入其他团队。

这与以往主要由项目负责人决定成员进退的机制不同，双向选择使整个创新研发过程更加顺畅——要知道，在创新和试错的世界里，没有人是一定正确的，只有公平的文化氛围才能让有价值的创新想法真正生根发芽，开花结果。

第三个不同，是项目孵化过程的不同。

徐工基础将内部创业的过程划分为四个阶段：产品创造期、市场培育期、产业化推进期、成熟期。之所以强调阶段的清晰，是因为很多企业在从新产品研发到产业化的过程中，经常会出现断档的情况——不知如何从第一个阶段进行到下一个阶段，因而导致中途流产。

产品创造期的目标是研发出满足市场需求的新产品，不仅要定义产品，还要进行"逆向产品开发"，最后进行工业考核试验改进，实现产品小规模试制。其中，逆向产品开发是一个亮点。

徐工基础提出了一个创新理念，即"技术开发市场化，市场开发技术化"，也就是将新产品的市场开发提到研发设计之前，先开发市场，再开发产品。同时，利用开发周期同步市场营销，提前预热市场；在方案设计阶段，先根据完全竞争市场的规律确定市场售价，进而倒逼成本，再通过技术、工艺、供应商、经销商、客户协同设计，快速研制出适销对路的新产品，缩短研制周期，这就是逆向产品开发。

市场培育期的目标是新产品小批量投产，市场占有率达 10% 左右，并在行业内取得一定的认知度。创业团队主要有三项工作：一是进行市场推广；二是培养供方，初步形成配套体系；三是收集试制反馈，推动产品的适应性改进升级。

产业化推进期的目标是经过产业加速，市场占有率达到 30% 以上，跻身行业前列。加大产品宣传力度、建设渠道、扩大产能、降本增效是主要工作。

再之后就进入了成熟期，此时团队被纳入常规的组织机构中，或形成产品事业部制，依靠正常的体系能力发展。

这四个划分异常清晰的阶段，使徐工基础的内部创业项目既知道节点要求，也知道终极目标。作业装置创业项目、地下管道类创业项目、资源钻采类创业项目、地下基础施工类创业项目等一系列项目的生成、培育和壮大，都遵循了上述产业化"一条龙"的机制和过程，不仅实现了关键核心技术的突破，还形成了核心零部件国产化的技术能力、创新产品和解决方案，使自身迅速成长为行业核心力量。

第四个不同，是资源共享和赋能机制的不同。

传统的创新研发团队很难得到高度授权，因为其背后是等级森严的传统科层制体系架构，各个职能部门有自己的权限边界，不会轻易放权和资源共享。徐工基础的内部创业则彻底打破了这种传统模式，由各个职能部门为内部创业团队提供共享资源，包括研发共享、采购共享、生产共享、营销共享、服务共享和管理共享等。团队可以借助公司的技术研发力量研制新产品、升级技术，利用现有供应链体系进行零部件配套，等等。

徐工基础之所以这么做，很大原因是传统模式的内部沟通成本过高、机构臃肿、能力落后。通过将资源"下放"给内部创业团队，把品牌和社会资源对接给有需求的内部创业团队，成功避免了创业初期过高的成本投入，解决了因管理能力问题带来的组织臃肿和效率低下问题。

第五个不同，是不同阶段考核与激励方式的不同。

徐工基础对内部创业团队的激励，是基于增益分享原则的"三有"激励。所谓"增益分享"，是指不分配企业的存量，分配的是新产业的增量。团队收入的发放不影响原岗位工资，即使团队未实现既定目标，成员仍然有保障，避免了后顾之忧。虽然内部创业团队不承担创业风险，但担当经营责任，并根据价值增益进行利益分配。具体收益的分配，就是"三有"标准——有质量、有效益、有规模："有质量"指产品的可靠性和回款、应收账款等；"有效益"指毛利、边际贡献率等；"有规模"指发车量、收入、市场占有率等。

不同阶段、不同产品的激励机制会选取不同的指标：产品创造期按照"有质量"设定产品的可靠性目标，以首次无故障小时数、早期反馈率等作为主要的考核激励指标，注重产品指标；市场培育期按照"有规模"设定市场目标，重点考察项目的发车量、收入等指标，并设立阶梯式提成比例，注重市场指标；产业化推进期则以"有质量、有效益、有规模"三个维度进行激励，注重盈利指标。

之所以说这种激励是"精准"的，是因为它根据每个阶段的不同特点，设置相应的指标，而不是从一开始就强调市场占有率或盈利能力这些指标。只有这样的激励，才符合创新创业项目从小到大、从多次试错到逐步定型的成长过程特点。

内部创业管理机制的变革，使徐工基础的新产品产业化之路走得既快又稳。连续墙液压抓斗、双轮铣槽机、顶管机、深（水）井钻机等多项成果达到国际领先水平；高新技术产品产业化成效显著，收入占总收入的比例达到 68%；新产品市场份额攀升，双轮铣槽机的市场占有率第一，连续墙液压抓斗、深（水）井钻机的市场占有率第二，新产品——顶管机逐渐打入原来由欧洲和日本企业把持的海外市场。此外，徐工基础还通过内部创业机制培育了十余家配套企业，带动了产业深度转型升级。比如地连墙产业化项目中的高端双轮铣研发及产业化，打破了国外产品的技术垄断，大幅降低了进口产品的价格；顶管机产业化项目中的微型顶管机，则是国内唯一能进行硬岩地质施工的微型顶管机，填补了国内空白。

通过徐工基础的内部创业案例我们可以发现，内部创业是一种可用、好用并且实用的机制，值得企业家去研究和实践。下面要讲的另一家企业的案例，会让我们用另一种视角去看待内部创业，这家企业就是位于湖北武汉的华工科技。

华工科技产业股份有限公司（以下简称"华工科技"）是一家国有企业，成立于1999年，2000年在深交所上市，号称"中国激光第一股"。华工科技的主业定位在"激光技术及其应用"，公司采用国产光源，已形成包括激光装备、光通信器件、传感器制造，以及激光全息防伪、信息追溯服务等在内的产业格局。

华工科技在创新发展的过程中意识到，传统的科技成果转化方式链条多、周期长、参与者复杂，多主体参与导致科技成果转化效率低下、成本居高不下，结果难尽如人意。此外，作为一家脱胎于大学、通过科技成果转化实现发展的上市国企，华工科技在如何激发科技人才活力、最大化利用外部高端科学家方面，没有拘泥于传统的员工激励方式和人才引进使用的窠臼，而是进行了创新型的模式设计，于2016年提出了"创客中心"的新制度、新办法，让科研团队、科技人才直接成立内部创业公司加速科技成果转化，降低原来漫长的链条、众多主体的参与、一旦某个环节受阻就满盘皆输所带来的风险，变为以创业方式整合全链条、以一体化模式推进科技成果产业化。

外部高端人才尤其是科学家加盟企业的诉求到底是什么？很多企业没有深入研究，而是采用传统方式来处理，比如，给予高待遇、提供丰厚的科研启动经费和各种住房、子女入托入学等优惠政策，让科学家担任企业技术中心主任或首席科学家等职位，但效果并不尽如人意。大批科学家在合同期过后就离开了企业，即便在合同期内也没有做出企业想要的成果，投入产出不成正比。"引得进却留不住"成为常态。

为什么会出现这种情况呢？核心原因是没有搞清楚科学家真正的诉求。一个科学家加盟一家企业，至少有两个方面的诉求：一是将手里的科技成果和专利产业化，实现"获利"；二是在全行业"留名"，比如成功申请行业标准而不仅仅是让科研成果停留在纸面，这是一种巨大的心理成就感。

如何让科学家既能"获利"又能"留名"？华工科技选择了"创客中心"这种新型的内部创业制度。当然，前提是华工科技自身拥有成熟的产业链上下游资源，具备了为科学家内部创业提供赋能的各种基础条件。

华工科技的"创客中心"主要面向两类对象，一是内部员工创客，二是外部高端人才创客。

首先是内部员工创客。公司从2016年提出探索符合事业部自身发展需要的新运行模式，核心是打散事业部原有固化的组织架构，对一些已形成批量、商业潜力巨大的典型项目、技术进行"独立运营"，对有创新想法和创业激情的员工充分放权，让他们在公司内部找到"准利润中心"，成立"事业部中的事业部"。

其次是外部高端人才创客。华工科技在公司内部设立了企业创新孵化器，这是一家激光技术国家专业化众创空间，致力于将激光技术通过孵化和成立内部创业公司的方式进行科技成果转化和产业化。

这两种方式与企业传统的科研人员激励、外部人才引进方式都有所不同，与通常的员工发明、技改也不同，是通过创客团队和内部创业的方式将一项科研成果实现市场化应用的全过程和全链条。下面主要介绍创客中心的第二种方式，即针对外部高端人才创客的内部创业方式。

华工科技董事长有一个观点，就是"读博士不如用博士，能吸引人才的人比人才本身更重要"。

2008年，全球金融危机爆发，激光产业震荡，不少企业裁员、减产，甚至倒闭。但危难中往往隐藏着机遇，整个产业的震荡反倒为华工科技网罗全球人才带来了契机。比如，让华工科技固体激光器首席专家徐博士一直耿耿于怀的是，自己研发的产品，被国外企业以高于国外当地的售价卖到他的祖国。从2008年开始，国家及地方人才政策陆续出台。借助这一波政策红利，华工科技摒弃了"高端人才可遇不可求"的传统思想，寻找高端人才不只停留在口头上和文件上，而是大胆出手，像执行项目一样落实。

闫大鹏是长期在美国工作的激光领域国际知名专家，研究领域是光纤激光器。在看到国内光纤激光器全部依靠进口的现状和巨大的发展前景，并受到华工科技的力邀后，闫大鹏辞去了美国的工作，卖掉了房子和车子，举家搬往武汉开始创业。

闫大鹏志在光纤激光器的产业化和市场化，华工科技也正愁找不着合适的领军人才，双方一拍即合，闫大鹏借了一些钱，加上自己的技术入股，与华工科技合资成立了锐科激光的前身——武汉锐科光纤激光器技术有限公司，专门从事大功率光纤激光器的元器件及激光器在中国的国产化和产业化研究。公司之所以取名为"锐科"，意为"锐意进取、科技创新"，锐科公司的激光产品展示如图 7-1 所示。

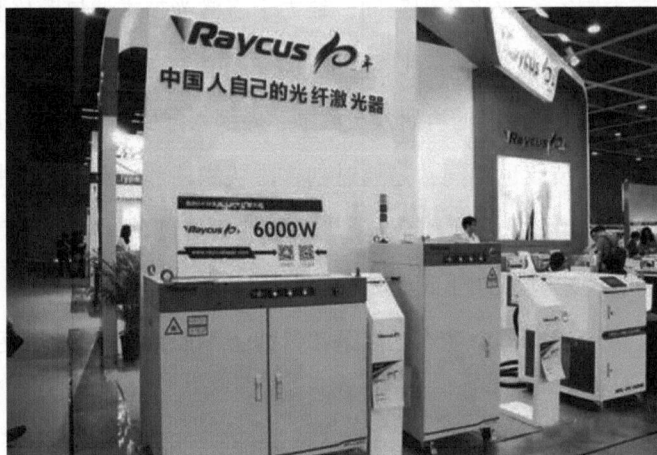

图 7-1　锐科公司的激光产品展示

然而，让一个科学家转变为一个创业企业家，远没有想象中那么容易，很多科学家懂技术，却不懂怎么进行生产、开拓市场、管理企业。这个时候，华工科技成熟的产业链体系和管理经验，为科学家的内部创业公司提供了全面且关键的平台资源和专业服务。闫大鹏在落户武汉后，华工科技除了提供常规的科研经费支持外，还作为合作商和产品用户的双重身份，给予闫大鹏三个独有的内部创业支持。

第一，提供两年 90% 的订单，帮助打磨产品、迭代技术。

由于闫大鹏对市场开拓和营销管理并不在行，锐科激光的产品刚一开始在市场上打不开销路。于是，华工科技副总裁闵大勇亲自出马负责锐科激光的管理和营销。不仅如此，为让闫大鹏的团队集中精力进行产品研发，华工科技拿出上千万元资金签下了锐科激光头两年 90% 的产品订单，边使用边反馈问题，帮助锐科激光完善产品。这种甘当"冤大头"、为产品提供试错平台的机制让锐科激光的产品稳定性迅速提升，产品返修率从逾 10% 下降到 2%，市场很快被打开，2009 年锐科激光就实现了盈利。

第二，提供技术团队和生产团队，快速实现产品化。

闫大鹏只身一人来到华工科技后，并没有建立起自己的团队，但他后来惊喜地发现，华工科技已为他配备好了光、机、电方面的技术团队，3 个月时间就为他配齐了技术生产团队，半年内实现投产。正常来说，一家工厂从选址报批到获批，再到基础设施建设、设备选型调试以及最后的试运行和正式投产，远不是 3 个月就能搞定的，需要一两年的周期。华工科技拥有较为成熟的生产线厂房建设和运营经验，可为闫大鹏科研成果的落地提供快速的产品化解决方案。

第三，提供知识产权和行业标准服务。

科学家的科研成果往往是一种"软性"成果，非常需要知识产权的保护。而这种知识产权如果能进一步成为行业标准，将给科学家带来巨大的心理满足感。为保护知识产权，华工科技旗下的国家专业化众创空间——光造空间平台代理机构为锐科激光量身定制了专属专利战略服务。2016 年，光造空间为锐科激光全程辅导的国内第一部光纤激光器行业标准《光纤激光器行业标准》正式发布。

通过以上"组合拳"，华工科技帮助锐科实现了快速成长，发挥了一个内创平台应该发挥的关键作用。试想，如果一个科学家既能把自己的科研成果通过内部创业的方式变为产品推向市场，又能形成行业标准，他怎会不全身心投入呢？

锐科激光的国产光纤激光器进入市场，一举打破了国外企业在光纤激光器领域的垄断，也直接拉低了进口产品的价格，使其降幅达 60% 甚至更多。以往，用于打标的 20 瓦脉冲激光器在美国的售价为 15 万元，而锐科激光生产的相关产品的售价仅为 1.2 万元，并且性能完全可与国外产品相媲美。

2018 年 6 月，锐科激光在深圳证券交易所创业板挂牌上市，上市后共获 12 个涨停板，收盘价最高曾达到 216.8 元，较 38.11 元的发行价翻了 5 倍多，作为创始人、总工程师的闫大鹏成为科学家创业和科技报国的典范。

除了闫大鹏，华日激光的成立和发展也是内部创业的成功实例。公司创始人徐进林是光造空间在美国发掘的半导体激光器专业人才，起初对于回国创业他心存疑虑，光造空间多次派专人与他进行深入的沟通，向他介绍国内行业发展情况，承诺为其组建创业团队，提供创业资金保障等。很快，徐博士便辞职回国，华日激光成立，次年便研发出国内首台工业应用、性能稳定的紫外固体激光器，填补了国内空白，并迅速投放市场。

总结一下，华工科技通过内创平台管理的变革，深刻解决了企业的痛点问题，不仅让科技成果的转化更快、更实，还找到了一条留住高端人才的新路子，更填补了产业链上的技术空白，解决了产业链上的技术症结，打造了一条完整的产业链。比如，公司建成了激光加工成套设备生产基地，以及以锐科激光、科威晶公司为基础的工业激光器生产基地，形成了从激光器到高端激光装备的完整产业链，企业的新质生产力大幅提升。

无论是徐工基础，还是华工科技，内创平台机制的创新让企业内外部的科技人才利用公司的平台和资源实现了自主创业的价值，从科层制下的执行者变成自我驱动的创新者，快速突破高端化升级和新产品产业化中的障碍。只有像这两家企业一样系统谋划、专业推进、放权赋能，方有可能收获内部创业机制的红利，形成企业的新质生产力。

第二节　强生态圈管理：获取"1+1=11"的生产力

古人云，"一个好汉三个帮"，一个人搞不定的事，有了得力帮手就可能快速搞定。企业在形成新质生产力的道路上，同样要有自己的好汉帮，打造强关联的生态圈，获取"1+1=11"的生产力。企业发展新质生产力本就是一条艰辛之路，布满各种堵点和瓶颈，需要汇聚内外部的客户资源、技术资源、金融资源、供应商资源、科研院所资源、政府资源加以解决。这么多的资源通过什么方式吸引过来、如何激发活力，如果仅靠自身实力，没有任何一家企业敢说能解决所有问题。打造精准微生态，通过强生态圈管理的方式突破堵点和瓶颈是一条可行之路。

所谓强生态圈，是指以企业为核心节点，基于相关各方利益和共同目标，由企业牵头，引领产业链上下游主体形成的一种深度绑定、协同创新的长效产业生态网络或创业共同体。比如，创新联合体就是强生态圈管理的一种落地方式。

强生态圈管理的关键点，一是"强"，二是"圈"。

现在很多企业也有生态圈，但大多还是浅层次的，看上去与产业链相关主体有链接，但并没有深度绑定，真正遇到关键问题时也很难形成合力突破，这就是"强"的内涵。还有的企业"有生态、但没圈"，也就是没有形成企业生态的闭环，只在某个环节有协同，无法形成全面、稳定、长期的生态化保障，这就是"圈"的内涵。之所以强生态圈管理会达到"1+1=11"的效果，而不是"1+1=2"或"1+1>2"，是指双方不再是简单的一次合作或浅层次合作关系，而是一种长期共生、利益共享、风险共担的价值成长关系。

下面来看一些典型企业是如何通过打造强生态圈突破技术和产业发展瓶颈、

助推企业生产力跃升的。

国睿科技股份有限公司（以下简称"国睿科技"）是专业从事城市轨道交通信号系统及产品研制的龙头单位。城市轨道交通信号系统非常复杂，涉及元器件、嵌入式板卡、操作系统、数据库、开发工具、软件系统、通信设备等产业链上下游多个方面，必须合力发展，才能突破创新链上的多个堵点、卡点，最终形成行业生产力。

然而，要在一个科技行业内整合上下游相关资源形成合力又谈何容易，关键是应当采取什么样的动力机制和收益机制。国睿科技利用自身优势，在实践中摸索出了一条通过打造创新联合体进行强生态圈管理的可行之路。

首先，国睿科技是行业内的系统总成单位，这一身份决定了它具备"链主"的潜质，具有很强的向心力和吸引力，上下游企业愿意围绕它构建一个紧密合作的创新联合体。试想，谁不乐意与行业龙头企业一起长期深度合作呢？

其次，国睿科技在设计创新联合体时，就从最终形成现实生产力的角度加以考虑，将需求和供给相互牵引、前端和后端无缝衔接，轨道交通信号系统产业链协同生态圈包括上游供给生态圈和下游应用生态圈。其中，上游供给生态圈负责技术攻关，保障轨道交通信号系统配套产品的高效稳定供应；下游应用生态圈则负责产品应用，推动自主化产品项目的市场推广应用。国睿科技位于中心节点位置，确保实现底层基础技术和系统的自主可控。

再次，对上游供给生态圈和下游应用生态圈分别采取了不同的强管理模式。

上游供给生态圈是一种采用共建共治共享机制打造的企业科技创新平台。一方面，高校、科研院所、企业等多主体共同参与，成立了多个资源开放共享的创新平台；另一方面，以创新平台为载体，相关成员单位联合参与国家重大科技项目，实现技术的共建共享。比如，国睿科技与南京理工大学、南京地铁集团共同建立了交通信息融合与系统控制实验室，开展轨道交通信息融合与智能控制研究；国睿科技与江苏华创微及翼辉信息联合攻关轨道交通信号芯片与操作系统，保障产品底层核心模块的自主可控，等等。这种模式让创新联合体的所有成员单位在技术人才、平台使用、核心技术等方面形成了共建共治共享，而非国睿科技一家独享。

下游应用生态圈是一种基于订单牵引和资本合作推动产品应用的联合体，这让下游各主体有很强的参与动力，具体表现在以下两个方面。

一方面，由国睿科技牵头获取重大集成项目，带动联合体单位的产品应用。作为城市轨道交通信号系统的总成单位，国睿科技先后承建了南京、南昌、哈尔滨、福州、苏州、徐州等地的地铁信号总成项目，拿到了近 20 亿元的项目订单。这带动了创新联合体成员单位的产品在通信、消防、乘客服务、测试验证等系统领域的应用，以及大屏、嵌入式板卡、维护监测等设备上的技术创新和应用，让这些成员单位不需要再花费大量的精力跑市场、忙订单。此外，国睿科技还通过加入行业联盟，与产业链下游的中国城市轨道交通协会紧密合作，开展核心技术联合攻关，参与标准编制，在协会的牵头下加入国家示范工程项目，同样也极大地带动了成员单位的新技术、新产品应用。

另一方面，建立资本运作机制，促进产品应用与市场拓展。与下游成员单位成立资本化实体，更是一种深度促进产品应用、形成现实生产力的有效手段。比如，国睿科技与南京地铁成立了南京睿行数智地铁有限公司，通过资本合作建立了"建运管"一体化平台，形成产品实施交付、运营与运维管理的全生命周期服务的商业模式，带动了新产品和服务的快速应用。通过南京地铁的示范效应，国睿科技带领联合体单位走出南京，成功打开了苏州、南通、重庆等市场，形成了数亿元的市场订单。

想想看，当你不用再为跑订单、抢市场而整日奔波，当有人能把你的创新快速应用到市场中，那为什么不让自己更深度地嵌入其中呢？这样共赢的生态圈合作才是牢不可破的。

最后，打造指向明确的创新联合体激励机制。

为加快科技成果转化、实现生产力的快速落地，国睿科技设立了两大机制：一是研发项目收益分红机制，二是创新联合体奖励激励机制。

设立研发项目收益分红机制的目的，是推动自主技术的突破和产品应用。该机制从自主化产品工程项目创造的利润中提取一定比例的专项激励基金，奖励轨道交通自主化信号系统核心团队。比如，由创新联合体完成的轨道交通自主化信号系统项目得到应用，获批研发项目收益分红，累计分红近300万元，促进了核心骨干与创新联合体之间的互相支撑与高效运行。

设立创新联合体奖励激励机制的目的，则是推动协同攻关任务高效完成。国睿科技从8个维度对创新联合体进行考核，按三个等级考核，设立不同额度的激励金，这8个维度分别是：创新联合体协议执行；创新联合体运行；资金投入；联合攻关推进；联合体市场竞争；联合科研计划；联合体双创载体与人才培育；联合平台共享。在这一激励机制的作用下，2022年创新联合体高效协同运行，取得重大协同攻关突破，获得最高奖励金400万元。

国睿科技打造的上游供给生态圈和下游应用生态圈，构成了一个贯通创新链的大生态圈。基于创新联合体的强生态圈管理，国睿科技实现了轨道交通自主化信号系统产品的成功研发和产业化应用，让科技成果得以快速转化为新质生产力。

第一，截至2023年年底，创新联合体已突破16项关键核心技术，自主化的两代城市轨道交通信号产品达到国际先进水平，相关产品实现了对进口产品的首次替代，打破了国外对该技术领域的长期垄断。

第二，城市轨道交通自主化与智能化信号产品的工程化与产业化加速落地，实现了在南京、南昌、福州等8省13市轨道交通工程项目中的应用。

第三，公司的经济效益显著提升，2021年和2022年的项目利润由10%提升至30%，2020—2022年的利润屡创历史新高，实现净利润4.66亿元（2020年）、5.29亿元（2021年）、5.53亿元（2022年）。

国睿科技利用自己独特的行业"链主"身份，汇聚了一批上下游企业与它一起并肩作战。然而，并不是所有企业都有这样的身份角色，虽然它们在技术研发和产品开发上处于领先地位，但空有一身武艺，很难快速转化为现实生产力。此时，应该怎么办？某个具有军工背景的企业（以下简称"A公司"）进行了很好的尝试和探索，通过打造强生态圈，将自己在军品中积累的技术能力向民品市场快速延伸，收效良好。

A公司长期致力于产品强度检验检测的技术研发与专业服务，但是与民品市场的关联很少。从2015年起，A公司确立了"技术产业"的理念定位，即基于强度核心技术开发低成本、高附加值的技术服务和高端产品，为外部客户提供专业的验证服务，将技术变为产业，形成现实生产力。

但是，一个以前很少和外部民品客户打交道的企业，如何将自身的核心技术推向市场并形成现实生产力呢？

为此，A公司的领导决定从需求端入手，形成一种"内外部双驱动"的生态圈闭环机制。具体做法如下。

首先，尊重市场需求，树立客户主导意识。

A公司的领导通过市场调研发现，技术先进，却不一定能够满足客户需求；产品质量好，却不一定是客户的最佳选择。为此，A公司开始转变研发思路，针对客户的具体需求，建立技术指标清单制，为客户提供个性化定制服务，实现从"重产品、轻需求"向"重需求、优服务"的转变。比如，下属某子公司采用技术指标清单制，实现了全部货架产品的可定制化生产，满足了民品市场客户的不同需求。

其次，建立从需求端到实现端的"内外部双驱动"生态圈闭环。

所谓内外部双驱动，是指外部由市场需求驱动，内部由企业的先进技术驱动，两者之间形成一个有机连接、互动反馈的生态圈闭环。之所以提出双驱动，是为了回答两个关键问题：创新如何从实验室走向产业？企业的技术力如何变成产品力？

为此，A 公司首先将创新全过程划分为三个相互衔接的环节：基础创新、工程创新和产业创新。为促进这三类创新的无缝衔接，A 公司专门成立了三个对应的实体单元：基础创新中心、工程创新中心、产业创新中心。三个中心的定位分工不同：基础创新中心聚焦基础研究和应用研究；工程创新中心的重点是对军品的成熟技术进行场景化应用和迁移研究；产业创新中心则紧盯外部市场需求进行产品孵化，通过逆向孵化形成成熟产品后推向市场。其中，产业创新中心一旦发现了需求，即基于基础创新中心的研发能力和工程创新中心的技术转化能力，迅速将具有市场潜力的研究成果和现实需求对接形成输出，实现从需求端到实现端的生态圈闭环（如图 7-2 所示）。

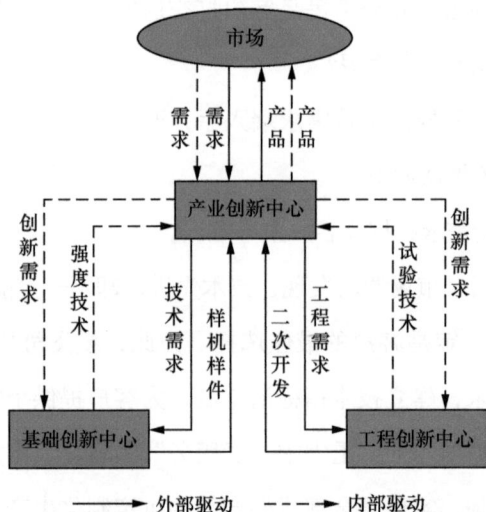

图 7-2　A 公司的"内外部双驱动"生态圈闭环

外部驱动的具体流程如下。产业创新中心首先对外部市场需求进行识别和分类，包括创新需求、技术需求和工程需求三类。随后，创新需求直接导入产业创新中心进行独立孵化；技术需求则输入基础创新中心进行前期研究，以原理样机、样件的形式交付产业创新中心进行孵化；工程需求交由工程创新中心进行定制或二次开发，最后交付产业创新中心推向市场。因此，产业创新中心类似于一个生产力转换枢纽，通过产业孵化机制，既连接外部需求，又对接内部能力。

内部驱动的具体流程如下。基础创新中心形成的有价值的技术研究成果和工程创新中心形成的试验结果先输入产业创新中心，通过产业孵化形成新型产品或技术打入市场。在随后的市场推广中，针对技术孵化形成的产品提升需求，通过产业创新中心输入基础创新中心和工程创新中心，构成生产力活动的两条闭环回路，实现核心技术创新的不断迭代。

最后，建设技术孵化器并引入子公司混合所有制改制机制，加速产品孵化。

一方面，A公司打造了技术创客空间，采取"场地+资金"的模式提供资源支持，包括1000平方米的独立运行场所和完备的基础设施，根据技术产品孵化进程和预期效益，给予不同额度的基金支持，年均投入超过2000万元。同时，孵化器在项目和人员管理上采取"先行先试+灵活进出"的模式，项目选题聚焦市场前瞻性、技术领先性、实施可行性，实施质量不高、逾期未完成的项目及时终止，保证投入产出效率；在人员管理上采取"项目矩阵式+灵活进出"的方式，项目前期对创客的技术能力和水平进行评估，中期对人员对项目的贡献度进行绩效考核，后期根据项目进展对团队人员进行灵活调整。

另一方面，A公司通过试行子公司混合所有制改制，激活了子公司的自主经营活力，生产力大幅提升，先后完成了复合加载试验台、电惯量模拟试验台等系列大型复杂非标测控装备的研制，打破了国外技术垄断，自主开展了民用航空、轨道交通领域配套货架产品的孵化与研制。

创新的探索和付出总有回报。

通过从需求端到实现端的生态圈闭环，A公司成功实现了当初设定的目标：对自身核心技术进行工业民品市场的产业化拓展，取得了产品、服务和产业层面的生产力跃升。

在产品层面，A公司与客户企业合作研制的用于石油油井管的某设备，形成了从500吨到3000吨规格的系列产品，在国际公开招标中击败了美国应力工程公司等跨国企业,打破了国外的技术封锁。

在服务层面,A公司先后承担了中车集团下属某客车公司、某头部民营汽车企业的试验验证项目,实现了从试验设备研制到提供综合解决方案的技术服务提升。

在产业层面,A公司融入民用工业产业链,与某发动机公司联合研制发动机轴类试验器,实现了轴向力、主扭矩、旋转弯矩和振动扭矩的精确施加,最高加载频率等技术指标达到了行业领先水平。

第三节　全域精益管理:挖掘从10到100的生产力

丰田公司JIT(准时生产)管理的应用,极大地释放了制造业企业的生产能力,彻底改变了企业的生产组织、物流控制、质量管理、成本控制、库存管理、现场管理和现场改善等生产管理技术与方法体系,最终能帮助企业实现库存最低、大幅缩短生产周期、废品量最小的高效运作。基于准时化生产的理念,日本丰田的精益生产风靡全球,其不断消除浪费、提高生产效率和产品质量的理念得到普遍认可。

在新质生产力的形成过程中,精益管理同样是企业深度转型升级、提质降本增效的利器。然而,仅仅关注精益制造,已经不足以充分提升企业的生产力,从单点的精益管理到全域的精益管理,精益管理本身的变革升级正在成为越来越多中国企业的实践,它释放了企业从10到100的生产力。

下面来看中车集团(以下简称"中车")全域精益管理的成功实践。

作为中国制造的一张亮丽名片,中车是全球规模领先、品种齐全、技术先进的轨道交通装备供应商。在发展初期,中车借鉴了日本丰田精益制造的做法,建造了一种以"工位制节拍化"为核心的精益制造模式,大幅提升了企业的生产力。然而,随着企业的快速发展,单纯强化精益制造已经无法满足企业对价值创造能力的迫切要求。中车意识到,要提高全要素劳动生产率,实现全过程、全流程、全价值链的高质量、高效率和高效益发展,就必须将精益管理方法加以拓展。于是，经过前期系统的调研和分析，中车确立了从打造精益制造模式到建立精益运营平台的策略，将精益管理体系覆盖维度由制造系统向企业经营全过程纵向拓展。

（一）先建设精益制造单元，后打造精益制造体系

作为大型装备制造业企业集团，产品制造一直是中车的核心业务，也是价值流程的核心环节。中车把生产作业流程优化作为重点先行，旨在建设高水平的精益工位、精益生产线和精益工厂，打造一批高质量、高效率的数字化精益制造典范。

中车遵循精益生产准时化和自动化两大基本原则，考虑轨道交通高端装备离散型制造的特点，建立了具有轨道交通大型装备特色的"工位制节拍化生产"模式。工位制节拍化生产，是以丰田拉动式生产为指导，以工位为作业组织单元，按照节拍化均衡生产的方式，以流水式作业组织生产，实现产品制造过程的工位化管理、标准化作业、平准化生产、准时化物流、拉动式运行，达到提高效率、提升品质、稳定作业、有序生产的管理效果。这种生产方式将管理流程指向工位，管控对象聚焦到节拍，实现制造过程在时间、空间和资源上的系统协同，以及价值创造的最优组合，是对制造生产力的极大释放。

经过多年耕耘，中车在全集团生产制造单元共计打造了上万个精益工位，覆盖率达90%以上；建设了集团级的精益生产示范区线近200条（子公司级近千条）、几百个集团级精益车间，为中车形成可复制、可平移的精益体系提供了成熟的样板。

在形成精益制造模式的基础上，中车又围绕"工位制节拍化生产"，从制造策划、管理支持、运行控制、评价改善四个主要环节，打造精益制造管理体系，涉及生产管理部门、工艺部门、人力资源部门、质量管理部门、成本管理部门、设备管理部门、安全环境管理部门等多个相关部门。

将这么多职能部门纳入进来，是为了发挥"同心圆"的支撑作用，让"工

位制节拍化生产"发挥最大效力：

——生产管理部门监控制造资源配置的有效性，识别制造全过程的风险项，推动各类异常的原因分析和解决，全力确保生产节拍兑现；

——工艺部门持续优化生产线规划和工位设置，形成工位级、生产线级标准资源配置清单，提高资源配置和使用效率；

——人力资源部门针对工位作业内容配置策划人员，输出工位人员需求清单，推行标准工位人员动态管理，培养高技能产业技术工人和多能工；

——质量管理部门制订与生产节拍相匹配的质检计划，基于工位开展质量损失的归集、分析、改善；

——成本管理部门搭建工位制成本核算体系，建立工位成本管理模型；

——设备管理部门强化设备效能监控，提升资产效率和效能；

——安全环境管理部门细化各类工位的安全管理标准，实现安全可控。

通过上述步骤，中车建立了工厂级、生产线级和工位级的"三级"制造资源标准，制造全过程的实物流、信息流、资金流、管理流高度同步，生产线工位的全口径材料成本、人工成本、制造费用等成本/费用管控体系得到完善，长期制约生产线均衡连续生产的深层次问题逐步得以解决，高效率、低成本、高质量的精益制造体系逐步成熟，企业制造系统的价值创造能力显著提升。

（二）从精益制造拓展到精益运营，实现价值协同最大化

运营管理是企业价值活动中最主要的环节，由供应商提供输入开始，通过企业内部转换过程，形成价值增值的产品和服务。中车认为，精益运营不是管理活动的简单叠加，而是客户需求、流程驱动、各管理职能模块之间的联动性、协调性、同步性的有效统一，使企业内部的运营活动更具效率和效益，进而实现运营过程的价值增量最大化，推动生产力的快速跃升。

然而，要将精益的理念和方法从制造环节延伸至运营环节，并不是一件容易

的事。制造环节毕竟是单个环节，而运营则涉及企业的方方面面，如何集成协同是个大问题。为此，中车对设计、工艺、采购、生产计划、质量、成本，以及市场、人力、资产、安全环境、售后、信息12项管理职能和流程进行了重组，将管理流直接指向产品增值的制造工位，通过节拍协同管理流程，建立与精益制造流程高度匹配的运营系统，对原有相对分散和割裂的职能管理进行系统集成和协同，实现运营流程的高效率和高效益，具体表现为"6621"运营管理平台。

第一个"6"是指六个管理平台，包括市场管理平台、人力资源平台、资产管理平台、安全环境管理平台、售后服务平台和信息化平台，它们是模拟线建设和工位制节拍化流水生产线的运行基础，体现企业资源的支撑性。

第二个"6"是指六条管理线，即设计、工艺、采购、生产计划、质量和成本管理线。六条管理线是与项目执行强相关的管理流程，侧重于管理流程的标准化，体现流程运转的高效性。

"2"是指两条模拟线，即模拟生产线和模拟配送线。模拟生产线作为工艺管理线的输出，通过对生产线工位现场七大任务和节拍时间、作业内容顺序、标准在制品进行模拟仿真，形成制造管理的文件和标准；模拟配送线则是生产工位所需物料打包采购及配送的管控标准。这两条模拟线是连接流水生产线和所有专业管理的纽带和桥梁，侧重于准备管理，体现准备的完整性。

"1"是指一条生产线，即建立工位制节拍化流水生产线，实现制造过程的高品质、高效率和高效益。它是整个运营管理平台的核心，侧重于节拍管理，体现实施的可控性。

通过"6621"的实施，中车按照从低到高、从下到上、从小到大的逻辑，打造了从生产线到模拟线，再到管理线和管理平台的精益运营体系。

（三）以指标体系和深化协同拉动全域精益过程管理

为顺利推行公司的全域精益管理，中车采用了指标体系拉动和制度文件推动两种方式强化各职能部门间的过程协同，这决定了全域精益管理能否真正落地。

首先，中车在公司经营指标的基础上解构了从公司经营层面到现场操作层面的数据链，建立了基于客户价值的精益制造指标体系，包括安全（S）、质量（Q）、交付（D）、成本（C）、I(存货）和 M(士气）六大类指标，覆盖了从订单的输入到产品和服务交付的全过程。

为了使这些指标发挥作用，中车按照职能管理和作业管理的要求划分了相应的层级，按照条线、层级对主要过程的管理目标进行量化分解，由指标承担主体对责任范围内的指标进行维持和改善。指标改善系统是中车精益管理体系运行的重要组成部分，它在经营目标与决策层、管理层、作业层之间建立起了紧密的保障关系，引导各级管理者及全体员工持续关注和解决现场问题，进而提升制造过程的安全、质量、交期、成本管控绩效。

其次，中车推出了《工位制节拍化流水生产工作指南》《基于精益制造的指标改善系统建设指南》《工艺管理线建设指南》《生产计划管理线建设指南》《精益物流管理指南》等一系列指导性文件，并借助打通企业设计研发、经营管理、生产制造、售后运维等业务信息系统接口，打通设计研发管理平台、企业资源管理平台、企业数据管理系统等管理模块，推动上述制度的落地，实现流程驱动业务、业务流程数字化、数据互联互通和价值流程高效协同，促进精益与业务的深度结合。

精益管理的核心思想是以最少的资源创造最大的价值，在装备制造企业尤其具有普适性，这正好与新质生产力高效能的目标高度匹配。中车将实施精益变革作为发展新质生产力的管理变革主线，探索出了一条从"精益生产"到"精益运营"的管理变革之路，推动企业的全要素劳动生产率大幅提升，企业生产力显著跃升。

第四节　创新激励管理：生产力的股权推进器

说一千道一万，企业形成新质生产力的根本，要靠企业家精神，靠那群拥有独特创造力和掌握现代化专业技术、具有知识快速迭代能力的新型劳动者。如何真正激发这群关键人的主体创造性和长期活力，核心是进行激励变革，形成符合新质生产力发展要求、以创新为导向的新型激励机制和管理方法。

必须强调，创新激励管理不是传统的激励变革，而是完全围绕创新、鼓励创新，尤其是针对根本性、原始性科技创新的激励管理。我更愿意将这种创新导向的激励描述为"触及灵魂和人性的激励"，因为它会将新型劳动者在创新过程中的底层积极性，以及面对高度不确定性时的极致冒险勇气彻底激发出来，这绝非一般的激励方法所能达到的。

那么，创新激励管理变革有哪些具体方式呢？

如今，用创投机制整合外部资本和产业链关键资源，用混改方式加速创新突破和市场落地，用核心员工持股激发内部智力和绑定高端创新人才，已经成为众多企业在形成新质生产力过程中较多采用的有效激励方法。核心是打造一个以"多方股权"为纽带的坚强战斗群体，使其成为生产力的强大推进器。其实，创投机制、混改方法、员工持股这些方法并不新鲜、早已有之，关键是如何真正把它创造性地应用到企业新质生产力的形成过程中，有些企业的做法很"夹生"，有些企业则过于"形式化"，这样都无法达到真正的效果。

下面来看两家领先科技企业的做法，分别是中建材蚌埠玻璃工业设计研究院的"科技成果转化全环节股权激励"和中车株洲电机有限公司的"市场化产业单元混改激励"。这两家企业虽然行业不同、规模各异，却在突破科技创新瓶颈和产业化落地、形成新质生产力的过程中，不约而同地采用了"股权"这一管理工具，收效良好。

首先是中建材蚌埠玻璃工业设计研究院的"科技成果转化全环节股权激励"。

中建材蚌埠玻璃工业设计研究院有限公司（以下简称"蚌埠院"）成立于1953年，是我国玻璃行业的领头科技企业之一，长期从事显示材料、新能源材料、应用材料的技术研发和产业孵化。

蚌埠院一直跟踪全球玻璃产业的技术前沿，通过科技创新和科技成果高效产业化推动企业新质生产力的形成。然而，如何解决科技成果产业化过程中的众多环节、主体和产业化卡点问题，尤其是如何激发核心骨干和科研人员的积极性，一直困扰着企业领导层。最终公司决定进行创新激励变革。

在实践中，蚌埠院摸索出了一条通过成立项目产业公司推动科技成果高效转化的路径，核心是"公司控股、战略投资者参股、技术骨干持股"。其中，核心科技人员在产业公司中担任关键经营和管理人员，确保掌握自主决策权。其实，这种方法并不新鲜，但蚌埠院的做法有所不同，它充分考虑了研发、中试、产业化三个环节不同科研人员参与科技成果产业化的方式、角色和贡献差异，既让这三个环节的核心科技人员按一定比例现金入股，又有各自的激励重点，实现风险共担、收益共享。以下几条做法颇有特色。

第一，成立科技人员持股的项目产业公司。

项目产业公司是自负盈亏、独立经营的实体，采用股份制合资经营，蚌埠院控股。项目科研团队技术负责人整体负责产业化项目的建设和运营，院本部工作人员和相关核心技术骨干人员进入项目产业公司的董事会兼职，实现对公司的有效管控。同时，通过市场化方式聘请或选派专业的经营团队和核心技术人员，推进科技成果的产业化进程。

那么，技术骨干究竟如何在产业公司中持股呢？

蚌埠院首先让科研创新团队成立合伙制运营公司，随后蚌埠院再与该运营公司共同成立项目产业公司。比如，为推进空心玻璃微珠研发成果的产业化进程，2016年7月，蚌埠院和研发团队持股的蚌埠飞扬企业运营管理有限公司合资成立了安徽凯盛基础材料科技有限公司（以下简称"凯盛基材"），主要从事高性能空心玻璃微珠的研发、制造及销售，其中蚌埠院持股70%、研发团队持股30%，团队9名核心科研人员（骨干）实现全部持股。

同时，研发团队的负责人出任凯盛基材的董事兼总经理，团队核心成员任技术、销售、生产副总经理。公司在团队带领下成功开发出了国内唯一具有自主知识产权的玻璃粉末法制备空心玻璃微珠工业化生产核心技术及关键装备，建成国内首条年产 5000 吨玻璃粉末法高性能空心玻璃微珠生产线，成功实现超轻高强空心玻璃微珠的工业化量产，拥有数十种达国际一流水平的核心产品，同时制定发布了我国首部空心玻璃微珠行业标准。公司的相关产品成功应用于 4500米级深海潜水器"海马号"、航天发动机、返回舱烧蚀材料、5G 高频通信覆铜板等领域，突破了超轻高强空心玻璃微珠在国内高端领域应用的"卡脖子"环节，彻底解决了超轻高强空心玻璃微珠完全依赖进口的国家级难题，打破了国外对空心玻璃微珠的技术封锁。

按照这一模式，蚌埠院在不同的细分领域设立了若干由科技人员持股的混合所有制企业，如安徽中创电子信息材料有限公司、安徽方兴光电新材料科技有限公司等，也取得了较好的效果。

第二，对研发环节的科研人员按劳分配、按知分配。

蚌埠院规定，研发过程中不论资排队、不限职务，分配激励与实际贡献挂钩。对成绩显著的管理人员和科技人员，由上级部门予以表彰奖励；对有突出贡献的，给予重奖。同时鼓励研发技术人员申请专利，根据专利所产生的经济效益进行评奖，这推动了蚌埠院专利申请量的逐年递增，进而形成了知识产权保护体系。

第三，中试环节采取项目经理负责制。

蚌埠院规定，研发项目的中试环节采取项目经理负责制，以推动研发技术人员高效率、高经济性地完成研发工作任务。在项目开发规定期限内完成或提前完成全部开发要求或者取得突破性、阶段性进展的，给予项目团队和个人一定的奖励，这是一个亮点做法。

第四，产业化环节的股权激励。

不同的科研人员进行科技成果转化的方式不同，有的采取技术转让，有的是技术许可，还有的采取入股的方式。针对这种情况，蚌埠院进行了分类激励：以技术转让或许可方式转化科技成果的，从技术转让或许可所得的净收入中提取不低于 30% 的比例用于奖励；采用股份形式实施技术成果转化的，技术成果作价出资设立公司或者开展股权投资时，可以从该科技成果入股时作价所得股份中提取 30% 用于奖励。

蚌埠院采用的项目产业公司推进与全环节股权激励方式，使本企业的科技成果转化率达到 60% 以上，科技研发投入年度增长率超过 10%，有力助推了新质生产力的形成。

下面来看另一家自带改革基因的交通轨道企业——中车株洲电机有限公司（以下简称"中车株洲电机"）。

中车株洲电机是我国唯一同时承担高速、重载铁路装备九大核心技术中的牵引电机和牵引变压器两项核心技术的企业，是铁路牵引电机和变压器行业标准的第一起草单位，业务涵盖轨道交通牵引电机和变压器、风力发电机、新能源汽车电驱动、高速永磁电机、特种变压器等领域，其中牵引电机和风力发电机位居全球领先地位，成为细分行业的领跑者。

即便是这样一家领先的科技制造企业，在形成新质生产力的过程中也面临着整合外部资源、激发创新人才活力的难题。一方面，公司意识到，现有的投资规模和资源协同能力难以快速实现产业发展壮大，要引入外部战略投资者，发挥各方在资源、市场、技术和人才等方面的协同效应，实现产业的加速发展。另一方面，公司还发现，核心经营团队长期深耕于产业的发展，对行业趋势、市场规模、技术水平以及人才培育具有敏锐的洞察力，在改革过程中必须通过股权激励的方式将核心经营团队与产业进行绑定，培育具有创新创业精神的企业家。

为此，企业推动旗下的市场化、产业化单元进行混合所有制改革，通过"一企一策"的方式激发混改企业员工的动力，催生企业爆发或成长，实现创业加速和增量增效，最终目标是强中做优、优中做大。

为达到这一目标，中车株洲电机采取了符合企业实际情况的做法，按照"增量引入、利益捆绑"的原则，选取三家改革意愿强烈、符合激励政策、改革条件成熟的混改公司实施员工持股。

首先，采取增资扩股或合资新设方式，构建"国有资本＋战略投资者＋员工持股"的多元股权结构。

员工持股在充分自愿的前提下，强调利益共享、风险共担，各混改产业单元员工持股意愿强烈，参与积极性高。混改公司经营团队怀揣强烈的责任心和事业心，人均认缴300万～400万元不等，以核心团队带头人和职业经理人的全新身份转型进入混改公司创业。

其次，实行"以岗定股、动态调整，激励核心少数"。

在持股人员范围确定方面，中车株洲电机打破股份份额与行政职务挂钩的传统思维，重点向承担产业发展使命的高级管理人员、中层管理人员、核心骨干人才这三类对公司经营业绩和持续发展有直接或较大影响的人员倾斜，坚决避免全员持股。

此外，根据岗位所属类别、知识技能要求、工作难度、产出价值等因素，结合层级高低分部门级和岗位级价值，按照相对价值贡献大小综合确定岗位价值系数，统筹考虑持股对象的综合贡献、个人意愿及支付能力，确定每位持股对象的持股数量，实现以岗定股。

与此同时，公司确立了"以岗定股、岗变股变、股随绩调、人离股退"的持股原则，实现员工持股"能高能低、能进能出"。同时，公司规定，在股权转让顺序方面，设置受让顺序优先级为：持股平台内部符合条件员工＞公司现有股东＞新引入股东，在股权流转价格方面，针对员工离职、退休等原因退股，岗位变动调整，新进人员参与持股等不同的情形设置不同的退出价格，避免持股僵化硬化。

再次，转变国企干部身份，推行职业经理人制度，培育企业家精神。

混改公司的机制变革异常关键。中车株洲电机打破了混改公司国企干部的身份，按照"市场化选聘、契约化管理、差异化薪酬、市场化退出"的原则编制了《子公司职业经理人制度操作指引》。基于这一变革，24名原中层管理人员与中车株洲电机解除劳动关系，以职业经理人的全新身份进入混改公司。某子公司通过董事会选聘了5名职业经理人，其中有两名是民营企业家。同时，对职业经理人实行契约化管理，通过签订聘任协议书和任期目标责任书，严格任期管理和目标考核，变过去上指下派、行政命令式的管理为按契约办事，传递市场压力。

此外，混改公司参照中车株洲电机"两制一契"的管理办法，对其中层管理人员实施任期制、聘任制和契约化管理，建立领导干部退出机制，打破干部身份的"铁交椅"，推动干部"能上能下"成为常态。这一招是关键的激励举措。

最后，采用"小总部、大业务"，充分授权。

中车株洲电机建立了"小总部、大业务"的组织机构，通过精简机构、缩编人员，建立与市场化经营相适应、精简高效的总部管理机构，提高决策效率。同时，建立了以"股权关系为基础、法人治理为依托、授放权清单为准绳"的治理模式，将总部过去管理的人事任免权、劳动用工权、招标采购权、业绩考核权、薪酬发放权全部下放，依法赋予所属企业自主经营权，激发产业发展活力。

例如，某混改公司的中层管理员工由职能化管理自动转变为项目式管理，与某重工集团进行全新产品开发时，从技术协议签订、预投图纸输出、商务合同签订、项目计划下达、物料采购、生产组装、标定实验、回款，到产品合格交付客户，仅用了25个自然日，为客户抢占市场赢得了先机。另一家混改公司开始打造"同向、同频、共振"的专家型管理团队，将原有的总经理、副总经理、总经理助理、副总师、部门正职、部门副职、主管、主办8级管理压缩为总经理、副总经理兼部门负责人、专员的三级管理模式，缩短管理环节，快速培养人才，工作效率大幅提升。

实施核心员工持股后，四家混改公司的员工活力明显得以激发，不仅实现了外部资源引入与国有资产保值增值的目标，还让 450 余名国企员工的身份顺利转换。在管理效能方面，总部职能部门由原来的 18 个调整优化为 13 个，岗位编制总数减少 39.4%，总人数减少 44.5%，每年总部的人工成本节约 900 万元。通过体制机制的革新，科研人员的主观能动性得到空前激发，创新创业积极性大幅提升，两年内斩获中国工业大奖一项，国家专利金奖一项、银奖一项及省级专利奖项 5 项。

可以说，以股权为纽带和工具的创新激励方式，是让人才活力从内心迸发、把聪明才智转化为干事创业热情的一剂强心剂。它带来的，不仅是团队精气神的变化，更是新质生产力实实在在的形成与提升，任何品尝过其甜美滋味的企业，都对此无比认同。

第八章
让新质生产力行稳致远

——评价优化、规避风险，
因企制宜推动新质生产力发展

企业发展新质生产力并非一条坦途，而是要经历诸多艰难险阻、接受不确定性的考验，因此必须进行事前风险预判、事中动态调整和事后评价优化。一方面，企业要提前规避可能存在的各种风险，包括观念认知、资源配置、寻找质变点、生产力实现路径选择等方面的风险；另一方面，企业还要准确评价新质生产力的成效，并根据评价结果优化调整"三劳"，让新质生产力走在正确的方向上。当然，企业发展新质生产力离不开政府的引导助力与政策支持。本章主要介绍企业新质生产力的"三效"评价，提出企业在发展新质生产力过程中规避风险的原则和方法，最后针对政府政策如何支持企业发展新质生产力提出相关建议。

第一节　"三效"评价：效率、效能与效益

企业如何评价自身新质生产力的成效呢？怎样才能体现新质生产力高科技、高效能、高质量的特点，实现全要素劳动生产率的提升呢？如何在评价后通过劳动者、劳动工具、劳动对象组合优化实现生产力的进一步跃升呢？这就涉及关键的"三效"评价：效率、效能与效益。

企业新质生产力的评价不仅注重效益，还注重效率和效能。因此，企业必须在传统的效益评价之外，还要对效率和效能这两个指标进行全面评价。这么看来，新质生产力的评价是"既要、又要、还要"，对企业的综合要求很高。

评价的第一步，是搞清楚"三效"的内涵。

效率：干没干完。

所谓"效率"，也称经营效率或生产效率，是指企业在生产经营的目标实现时间内，投入资源和最终产出之间的比例关系，它是衡量企业生产力的一个重要方面，简单说就是"干没干完"。比如，在单位时间内投入100单位的资源，得到100单位的产出，效率值就是1；如果在单位时间内投入100单位的资源，得到200单位的产出，效率值就是2，提升了一倍。

企业提高生产效率的方法有很多，比如减少生产工序就是一种方法。例如，某企业将原来生产产品需要的 10 道工序，通过设备升级、工艺优化后缩减为 5 道工序，就可大大提高生产效率：同样的原材料和工人，但因为设备升级和工艺优化，企业的生产效率得以大幅提升。再比如，在快速发展的数字化时代，众多企业还会运用人工智能技术提高研发效率、控制生产精度，最终目标也是提高企业的生产效率。因此，提高效率是生产力跃升的一个重要途径。

然而，效率指标只能反映投入产出比的时间利用性，强调的是完成任务、达到目标所需的时间，也就是用最短的时间完成任务，对任务的质量没有过多的要求。如果要反映企业中间过程的能耗、成本和质量、可持续发展等方面的情况，企业还必须进行效能评价。

效能：干没干好。

所谓"效能"，是指企业在完成特定目标或任务时，实际达到的结果与期望结果之间的关系，简单说就是"干没干好"。效能强调的是目标的实现程度和质量，也就是用最少的资源实现最理想的结果。不论是实际结果未达到预期目标，还是用过多的资源完成预期目标，都是效能低的表现。

比较效率与效能两者的差别就会发现，效能强调的是结果，它根据完成的结果来判定，效率强调的则是对时间和资源的利用。事实上，企业经常面临"效率"与"效能"的取舍问题，要权衡两者间的轻重。有时企业会牺牲一定的效能去换取效率的提升，以最快的速度完成任务；而有时企业则需要更注重效能，通过充分利用资源，实现质量最好、能耗最低的目标。

效益：赚不赚钱。

以往企业对生产活动成效的评价更注重单一的经济效益维度。根据国家统计局的界定，企业效益状况指标主要包括营业收入、利润总额、营业收入利润比（毛利率）、每百元营业收入中的成本费用、资产负债率等，简单说就是"赚不赚钱"。然而，仅关注效益状况指标，很容易把企业的生产活动当作一个黑箱进行整体评价，而忽略了新质生产力的其他重要评价维度，比如全要素劳动生产率是否提升，高效能、高质量的特点如何评价等。

综上所述，企业新质生产力的"三效"评价核心是：干没干完，干没干好，赚不赚钱。相应地，这给企业提出了高要求：既要干完，也要干好，还要赚钱。图 8-1 所示为企业新质生产力的"三效"评价。如何让这三者之间达成平衡、得到最优解，是企业在发展新质生产力过程中的难点。

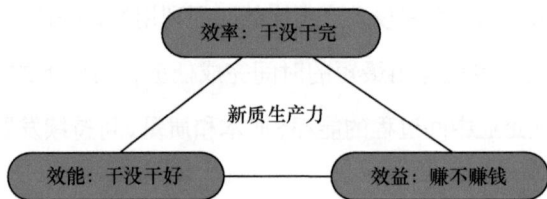

图 8-1　企业新质生产力的"三效"评价

下一个问题是：如果评价未达标，那怎么通过动态调整来提升"三效"呢？这就涉及"三劳"优化的问题。

必须说明，企业的"三效"评价与"三劳"优化密切相关。企业在对新质生产力进行"三效"评价后，如果发现未达预期目标，就要分解看是哪个"效"的问题。如果效率低下，则必须提升劳动者的素质、改进劳动工具的技术水平；如果效能较弱，说明干的方式可能不对，则需要在劳动工具、劳动基础设施和适应新型劳动对象上下功夫，进而提升质量，降低成本和能耗等；如果效益不好，就要从企业"三劳"的整体组合优化、生产关系是否适应生产力等方面进行调整和迭代。

不妨来看一个实例。

位于长三角地区的一个制造业集群的部分企业，为提高制造的效率、降低成本、提升产品档次和质量，引入了智能制造的设备生产线和配套软件。但运行一段时间后发现智能制造在当地"水土不服"，企业的效率不升反降，成本不降反升，工人的抵触情绪很大，最终产品的质量标准也没上去。可以说，事情既未能按预定的时间干完，也没有按预期的目标干好，最后市场反馈和财务表现还一般。

怎么办？

企业负责人开始考虑问题的由来，后来发现了两个关键点：一是劳动者素质和观念跟不上，缺少"人机一体"的劳动者，导致智能制造的设备生产线和配套软件无法发挥最佳效用；二是缺乏对"数实共生"的劳动对象的理解，有经验的老技工的技能和智能制造设备生产线的数据处理之间没有形成良性互动，反而形成了"对立"。

针对以上问题，企业从劳动者和劳动对象切入，采取了三方面的措施加以迭代优化。

一是从劳动者角度切入，通过培训传统工人和引入知识型高素质人才，提升劳动者对智能制造设备生产线和配套软件的使用熟练度，让劳动工具发挥作用，提高劳动效率。

二是从劳动对象角度切入，通过在企业内部推行知识管理系统，将老师傅、老技工的经验技能与智能制造设备的数字化运营深度结合，使双方从队列割裂到良性联动。

三是从生产关系适应生产力变革的角度切入，采取了新型的激励办法和管理手段，提升全员对智能制造的接受度，激发全员的创新变革活力。

经过一年多的变革和调整，企业期待的场景终于开始出现：全要素劳动生产率开始提升，成本降低，质量提升，能耗降低，员工和机器设备之间的磨合日益成熟，最终效率提升、效能增强、效益改善。

综上所述，对企业新质生产力进行"三效"评价，进而对"三劳"进行迭代优化，是企业发展新质生产力必不可少的一步。不同的企业有各自不同的实际情况，同行业不同企业的"三劳"迭代优化也各不相同。当然，评价和优化是事后行为，真正要让新质生产力落地，首先要规避潜在的风险。下面我们将具体探讨这个事前要做的动作。

第二节　巧避"五险"：未雨绸缪保成功

"凡事预则立，不预则废"。企业在发展新质生产力孕育无限机遇的同时，也潜藏着未知的风险和挑战。如何在这场变革中洞察先机，精准识别并巧妙规避风险，是企业发展新质生产力必须回答的重大课题，要提前做足功课。本节基于对大量不成功企业案例的分析，提出了五大风险及其应对举措（如图 8-2 所示）。

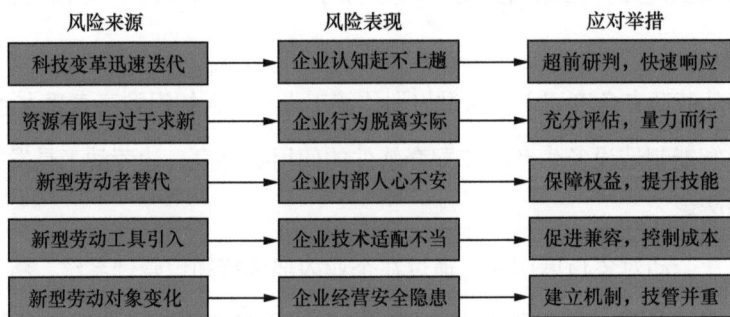

图 8-2　企业发展新质生产力面临的五大风险及其应对举措

风险一：企业认知赶不上趟——超前研判，快速响应。

新质生产力的快速发展通常伴随着革命性技术的快速迭代和市场急剧变化，如果企业"后知后觉"或"不知不觉"，未能跟上并采纳最新的技术，也没有及时调整自身的战略和业务模式，就可能迅速失去市场竞争力，导致客户流失和市场份额萎缩。

例如，某家传统纺织企业在面临数字化、智能化转型时犹豫不决，担心新技术会带来高昂的投资和巨大的风险，因此选择维持原有的生产模式。然而，随着时间的推移，该企业发现竞争对手已经开始采用数字化、智能化技术，实现了生产自动化和智能化。这些竞争对手的生产效率更高、成本更低、产品质量更好，赢得了消费者的青睐，自己却因未能及时跟进新技术，市场份额被他人蚕食，最终陷入困境。

要有效应对上述风险，企业必须加强研判预警，加速转型升级步伐，采用下面的"三板斧"解决问题。

首先，及时捕捉市场动态、新技术和新趋势的细微变化，确保企业战略规划与技术革新、市场走势的紧密衔接。比如，华为提出了衔接当下与未来的"三个地平线策略"：H1——核心业务，即现金流业务；H2——成长业务，即机会窗口打开以后能够快速抢占市场、形成快速发展的业务；H3——新兴业务，即现在要花钱，既不带来收入也不带来利润，但必须要做的业务，如果现在不做，未来五年或十年后就没有船票，将错失这个领域的发展机会。在这样的策略指引下，华为不仅全力加快推动 5G、人工智能等核心业务与成长业务的发展，还成立了战略研究院，专门负责五年以上的前沿技术研究，提前布局 6G、光计算、NDA 存储、原子制造等前沿技术。

其次，加大研发投入力度，激发员工创新活力，推动技术和业务的持续迭代更新。比如，海康威视近五年的研发投入占营收的比重为 8% ~ 10%，鼓励员工创新创业，建立内部创新跟投制度，先后开辟了海康机器人、萤石网络、海康微影、海康汽车电子、海康存储、海康消防、海康睿影、海康慧影立等系列创新业务。

最后，建立快速响应机制，确保一旦外部发生变化，企业便能迅速调整研发生产计划和资源配置。比如，某科技企业通过实施敏捷开发方法，快速迭代产品以满足市场需求。同时，建立跨部门协作团队，确保信息畅通，实现快速决策。利用大数据和 AI 技术，实时监测市场动态，为快速响应提供数据支持。

风险二：企业行为脱离实际——充分评估，量力而行。

这类风险是指企业不顾实际情况发展新质生产力，导致脱离资源和市场的风险，主要有以下两种情况。

一是脱离资源实际。企业在发展新质生产力的过程中，往往需要投入大量的人力、物力、财力资源。然而，如果企业过于追求规模的扩张和新技术的引入，而忽视了对自身条件的评估，就可能导致资源紧张，严重影响企业的正常运营和未来发展。比如，科技企业经常出现野心大于现实的情况，有无数个好想法，但既没有持续的资金又没有足够的人才，想法最终难以实现。

二是脱离市场实际需求。如果企业过于求新、强调技术决定论，就可能导致产品定位偏离，出现产品滞销、市场份额下降、品牌形象受损等问题，无法形成商业闭环。例如，某智能手机制造商在推出一款新型智能手机时，过于追求技术先进性和独特性，导致新手机虽然技术领先但价格昂贵、操作复杂且功能冗余，最终难以打开市场。

为避免脱离发展实际，企业要量力而行，从以下两个方面采取相应的措施。

一方面，合理评估自身条件。在制订扩张和新技术引入计划前，企业应深入评估新质生产力"三劳"改造升级需要的资金储备、人才储备、市场影响力等条件，确保有足够的资源支持新项目的开展。需设立专门的评估团队或委员会，负责对企业内部资源进行全面、客观的评估，为管理层提供决策支持。

另一方面，平衡技术先进性与市场接受度。革命性技术突破，必须实现商业价值才能形成生产力，否则就只是技术发明或创造。企业必须设立专门的市场研究部门，负责收集和分析市场数据，在产品研发阶段，加强与目标消费群体的沟通和反馈，确保产品功能设计符合市场需求和使用习惯。比如，小米公司成立了专门的技术评估部门，主要负责评估新技术在智能手机、智能家居等领域的应用前景，为公司的产品研发和市场竞争提供支撑。

风险三：企业内部人心不安——保障权益，提升技能。

伴随着新质生产力的快速发展，劳动者角色正在经历一场前所未有的变革，也带来了相应的风险。一是岗位被替代的风险：快速进步的智能化技术正逐步取代传统的、重复性高的工作岗位。许多长期依赖手工操作和机器轰鸣的工人，面临着被自动化和机器人取代的风险。二是技能不匹配的风险：生产线的升级和新兴行业的崛起，对劳动者技能的要求也在不断提高。然而，许多劳动者由于技能滞后或缺乏必要的培训，难以适应新的工作岗位，导致技能与岗位之间出现严重不匹配的情况。这不仅影响了企业的运营效率，也加剧了劳动者的就业压力。三是身心健康的风险：新质生产力的发展往往伴随着工作节奏的加快和工作强度的增大。长期处于高压状态的劳动者容易出现焦虑、抑郁等心理健康问题，这些问题不仅影响劳动者的个人生活，也可能对企业的生产和经营造成负面影响。

针对"人心不安"的风险，企业可以采取以下具有针对性的举措。

一是建立透明、公正的转型沟通机制。某大型制造业企业在引进新生产线之前，会与员工代表进行沟通，承诺在转型过程中将保障员工的权益。此外，还会开通专门的咨询热线，随时解答员工的疑问，尽量消除大家的担忧。通过透明、公正的沟通，员工对转型有了更全面的了解，也更容易支持企业的决策。

二是加强技能培训和职业发展指导。一家互联网公司在技术的快速发展过程中发现，传统的客服岗位逐渐无法满足客户需求。为了应对这一挑战，公司决定对客服团队进行技能升级和转型。公司邀请行业专家为客服人员提供了一系列关于数据分析、客户心理等方面的培训，还为员工制订了个性化的职业发展计划，鼓励员工根据自身兴趣和优势选择适合自己的发展方向。

三是优化工作环境。一家电子产品制造商在引入智能化生产线后，因为配套环境没有跟上新技术的要求，导致部分员工对新技术的适应度不高，工作效率下降。为改善这一状况，公司投入资金改善了车间条件，为员工提供更加舒适的工作环境。

风险四：企业技术适配不当——促进兼容，控制成本。

新型劳动资料特别是新型劳动工具大量涌现时，会给企业带来诸多风险。

首先是体系不适配的风险。新质生产力通常依赖复杂的技术和系统，如智能设备、算力中心等。随着新技术、新设备的引入和劳动工具的更新换代，企业需要确保其现有技术体系、生产流程能够与新工具无缝对接。如果适配不当，就会导致生产效率下降、设备故障频发等问题。例如，一家制造业企业决定引入一条高度自动化的生产线。然而，由于该生产线与公司现有的 IT 系统不兼容，导致数据传输不畅、设备控制不精准。

其次是成本剧增的风险。劳动工具的更新换代往往需要企业投入大量资金来采购和进行维护，这就增加了企业的固定成本。如果市场需求未能如期增长或产品价格未能相应提高，就会使企业面临巨大的成本压力。例如，某食品加工企业为了提升生产效率和质量，决定引入一套先进的食品加工设备。然而，该设备采购成本高昂，且需要定期维护和更换关键部件。由于市场需求未达到预期，企业面临高昂的固定成本和较低的产品利润率，整体盈利能力下降。

面对引入新型劳动资料带来的风险，企业需要采取一系列具有针对性的措施确保平稳过渡。

首先，针对体系不适配的风险，企业应开展技术兼容性评估，加强与供应商的合作，确保新引入的技术和设备与现有体系相适应。例如，某制造业企业决定引入工业机器人作为生产线的一部分，设立了专门的跨部门团队开展技术兼容性评估，负责新设备的调试，及时解决技术难题，与供应商合作制定技术标准和接口规范，进行定制化开发。

其次，针对成本剧增的风险，企业应制订合理的采购计划，充分考虑设备采购、维护以及升级等全过程的成本。例如，某公司在采用大型智能生产设备的过程中，采用多渠道比价、集中采购等方式降低成本。同时，探索与金融机构的合作，通过融资租赁等方式减轻一次性采购带来的资金压力。

风险五：企业经营安全隐患——建立机制，技管并重。

劳动对象的变化，同样会给企业带来一系列风险。

首先是供应链安全风险。劳动对象的变化可能涉及原材料或中间产品的更替，这意味着企业要寻找新的供应商或调整原有的供应链。新的供应链可能面临稳定性、可靠性和质量方面的问题，会给企业带来潜在风险。例如，某家具制造商原本使用木材作为主要的原材料，但由于环保政策调整和市场需求变化，决定转向使用再生塑料作为替代品。这就要求企业寻找能提供高质量再生塑料的供应商，并重新建立供应链。在新的供应链稳定之前，企业会面临原材料供应不足或质量不稳定的风险。

其次是数据安全风险。数据是重要的新型劳动对象，数据的采集、传输、处理、执行过程中存在数据泄露、被未授权访问和被恶意攻击的风险。如果企业未能遵守数据保护法规，可能会面临法律诉讼、罚款和声誉受损等风险。同时，不同国家和地区的数据保护法规之间存在差异，这也增加了企业在全球范围内运营时的合规性风险。

针对劳动对象变化带来的安全隐患，企业要建立更加完善的安全防护措施。

一是建立敏捷的供应链管理机制。寻找并评估多个潜在的供应商，确保在某一供应商出现问题时，能够迅速切换到其他供应商。以某汽车制造商为例，其关键零部件的供应商因自然灾害导致生产中断。由于该汽车制造商早已建立了多元化供应商网络，进行了充分的供应商评估，因此能够在突发状况下迅速切换到备选供应商，避免了生产线的停滞。

对于新引入的原材料或中间产品，企业应建立严格的质量控制和评估体系。例如，一家化妆品公司在引入新的植物提取物作为产品原料时，通过严格的实验室测试和皮肤敏感测试，确保该提取物不仅具有所需的功效，而且安全无刺激性。此外，与优质供应商建立长期合作关系也是提高供应链可靠性的关键。例如，一家电子产品制造企业与一家领先的芯片制造商建立了长期战略合作关系，确保了芯片的稳定供应。

二是建立数据安全防护机制。建立面向数据采集、传输、处理和执行全过程的安全措施，对重要数据进行加密存储并定期备份。同时，定期对数据处理流程进行合规性审查，确保符合国内外的数据保护法规要求。一家在线零售公司采用先进的加密技术保护客户数据在传输过程中的安全，定期备份到安全的离线存储介质中，并建立了多层防火墙来抵御外部攻击。此外，加强员工的数据安全意识也是不可忽视的一环。一家医疗科技公司通过定期举办数据安全培训和模拟演练，显著提高了员工对数据保护的重视程度和应对能力。

本书只列出了一些关键、重大的风险点。在发展新质生产力的征途上，企业还会遭遇诸多意料之外的风险与挑战，但绝不能因此畏首畏尾，裹足不前。发展是硬道理，不发展才是最大的不安全。企业只有统筹好发展与安全，不断探索新的发展模式，建立更为完善的风险防控机制，迎难而上应对挑战，才能在新质生产力的洪流中破浪前行，书写属于自己的生产力篇章。

第三节　政府"六策"：政企共塑新质生产力

企业发展新质生产力，虽然市场机制起着决定性作用，但这不只是企业的事，政府之手同样发挥着巨大的威力。政府不仅是政策的制定者，也是重大技术的供给者和创新生态的构筑者。政府之手与市场之手的密切合作，才能共同描绘出新质生产力蓬勃发展的图景。

具体来说，政府可以从颠覆性技术、新型劳动者、新型基础设施、新型生产关系、新质生产力孵化、创新环境这六个维度作为切入点，助力企业发展新质生产力，相应地形成六个落地的政策点（"六策"，如图8-3所示）。

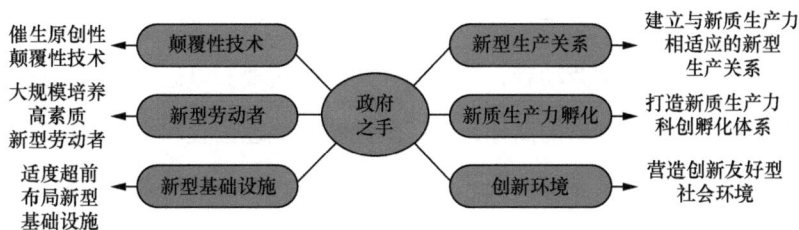

图 8-3　政府助力企业发展新质生产力的"六策"

第一策：催生原创性颠覆性技术。

发展新质生产力的核心在于实现原创性颠覆性技术的突破，这样的技术如何才能产生呢？

过去，我们在理论上存在误区，认为内源性创新只能依靠市场、依靠企业，政府只能负责外源性创新。然而，实际上，许多原创性颠覆性技术的突破，需要大量投资，周期长且风险高，这些都是市场难以承担的，政府必须发挥关键作用。

经济学家玛丽安娜·马祖卡托在其《创新型政府：构建公共与私人部门共生共赢关系》一书中指出，全球真正的创新引擎并非是在政府繁文缛节和苛捐杂税的丛林中杀出一条道路的企业，而是政府，长期且富有耐心的政府资助是突破性创新的绝对先决条件。美国国立卫生研究院（NIH）向 75% 的革命性新药研发提供了资金支持。iPhone 的核心技术——电容式传感器、固态存储器、点击式触摸转盘、微芯片、触摸屏——全都源自美国政府以及军方的研究努力以及资金支持。政府可利用其组织协调和资源调配的优势，通过直接支持和引导，聚焦研发那些具有战略价值和深远影响的重大科技创新项目。同时，政府还需增加对基础科学研究的投入，确保科研活动能够持续深入开展。这种全方位的支持不仅有助于提升国家的科技实力，更能为企业发展新质生产力提供更多的技术供给。

第二策：大规模培养高素质新型劳动者。

新型劳动者是新质生产力的关键要素。这种新型劳动者不仅具备更高的技能水平，还需要拥有创新思维和跨界融合的能力。目前，仅仅依靠企业自身的力量难以培养大批的新型劳动者，政府的作用尤为重要。以硅谷为例，该地区之所以能成为全球科技创新的高地，除了其独特的地理位置和文化氛围外，更重要的是政府推动建立了完善的人才培育培训体系。硅谷的许多高校和职业培训机构都与企业保持着紧密的合作关系，共同开展科研项目和人才培养计划。这种合作模式不仅提高了学生的实践能力和创新能力，也为企业提供了源源不断的人才支持。

为了建立人才蓄水池，政府需要采取一系列措施。

首先，大幅提高教育质量。通过优化教育资源配置，改善教育设施，提升教师素质，为学生提供更加优质的教育环境。同时，注重培养学生的实践能力和创新精神，以适应新时代的需求。

其次，大力推进产教融合。政府应鼓励和支持高校、职业培训机构与企业建立紧密的合作关系。这种合作不仅有助于提高学生的实践能力和创新能力，还能为企业输送更多符合要求的高素质人才。

最后，加大对高层次人才的培养引进力度。政府可以通过完善人才评价和激励机制、提供科研项目资助等方式，鼓励优秀人才参与重大技术研发，激发人才的积极性和创造力。

第三策：适度超前布局新型基础设施。

新型基础设施，如同现代社会的血脉和神经，促进了创新要素的加速流动和集聚，不仅是国家未来创新发展的坚实基石，更是企业发展新质生产力的强大支撑。例如，5G 技术的广泛应用，使数据传输速率大幅提升，为远程医疗、在线教育等新兴业态的发展提供了可能。通过工业互联网的建设，企业可以实现生产过程的智能化，提高生产效率，降低生产成本。各类算力中心和数据中心的布局，使数据的收集、存储、处理和分析能力大幅提升。这些新型基础设施建设具有巨大的溢出效应，也需要大量的资金投入。

政府应当高瞻远瞩，基于国家发展战略和区域发展实际，面向未来发展前瞻布局一批新型基础设施。首先是明确建设方向，包括建设规模、技术标准、产业应用等方面，为新基建的推进提供清晰的指引。其次是突出重点领域和关键环节，如5G网络、数据中心、工业互联网、人工智能等，集中资源，优先发展。最后是加强资源保障。财政投入方面，政府应设立新型基础设施专项资金，为项目的建设和运营提供强有力的支持。同时，充分考虑项目的不同类型和特点，制定多样化的支持措施。积极引导和鼓励社会资本向新型基础设施及其衍生的新质生产力领域流动，形成多元化的投资格局，共同推动新型基础设施的快速发展。

第四策：建立与新质生产力相适应的新型生产关系。

在传统的生产关系下，企业发展新质生产力往往受到诸多束缚。为了打通这些堵点、卡点，深化体制改革成了必由之路。通过改革，为企业开辟一片施展拳脚的广阔天地，让新质生产力得以充分释放。

深化要素市场化改革是首要任务。要建设一个统一开放、竞争有序的市场体系，打破要素流动的市场壁垒，促进数据、技术、知识、管理等先进优质生产要素顺畅流向形成新质生产力的领域。

完善落实"两个毫不动摇"的体制机制，既抓好深化国企改革、培育一批核心竞争力强的国有企业，又抓好促进民营经济发展壮大、激发各类经营主体活力，让不同的所有制经济在市场中充分发挥作用。金融体制改革需要进一步深化，确保资本市场能够成为科技原创性突破的坚强后盾。通过优化金融服务、创新金融产品、完善金融监管等方式，为科技创新提供充足的资金支持。要继续加大科技体制改革的力度，重点围绕教育、科学、人才三个方面形成良性循环，打通体制机制的障碍，推动高素质综合性人才的培养和科技成果的转化。

第五策：打造新质生产力科创孵化体系。

高能级科创孵化体系，集成了研发、孵化、投资、指导等多元功能，不仅是创业梦想的摇篮，更是新质生产力的孵化场。当前，无论是在企业内部，还是社会上，都有许多怀抱创业梦想的人，本着对未来的憧憬和激情投身创业，他们或拥有独特的创新点子，或掌握前沿技术，或是热衷于解决社会的痛点问题。然而，梦想的实现并非一帆风顺，他们需要资金、资源的支持和创业的指导。高能级科创孵化体系就如同及时雨，可以解决创业者的后顾之忧，使其轻装上阵。高能级科创孵化体系的优势不仅在于其综合性和针对性，更在于其专业性和可持续性。

政府通过引入专业机构和人才，为创业者提供专业化的服务和指导，确保他们能够在不同阶段得到最有效的帮助。政府不仅制定了各种优惠政策，如税收优惠、资金扶持、人才引进等，还积极整合各方资源，包括技术、资金、人才等，为创业者提供全方位的支持。无论是法律咨询、财务审计，还是市场推广、人才培养，都有专业的机构和人才为他们提供指导和帮助。在这个高能级科创孵化体系中，创业者们不再是孤独的斗士，而是拥有了一支强大的后盾。他们可以借助政府的支持和资源，将自己的创意和想法转化为实际的产品和服务，为社会带来更大的价值。

第六策：营造创新友好型社会环境。

新质生产力的崛起，不仅要求尖端技术的不断突破，更需要一个充满活力、敢于挑战、宽容失败的创新环境。政府应肩负起营造创新友好型社会环境的重任，为企业发展新质生产力提供丰饶的土壤。

首先，精心耕耘政策环境这片沃土。通过一系列创新激励政策，如税收优惠、资金扶持和项目资助等，为创新者搭建一个低门槛、高回报的创业舞台，让创新者能够在宽松、便利的条件下大展拳脚。其次，筑牢知识产权的保护屏障。知识产权是创新成果的重要载体，也是创新者合法权益的坚实保障。政府应建立健全知识产权保护体系，完善相关法律法规，加大对侵权行为的打击力度。这不仅能够激发创新者的积极性，还能为企业的创新成果提供坚实的法律保障，使创新成果得到应有的尊重和保护。最后，营造宽容失败的创新氛围。创新之路往往充满坎坷和不确定性，失败是创新过程中不可避免的一部分。政府应建立一种宽容的失败机制，让创新者在面对失败时能够保持信心和勇气，敢于再次尝试和挑战。这种宽容的失败机制不仅能够激发创新者的创新精神和创造力，还能为整个社会的创新氛围注入新的活力。

展望未来，政府之手与市场之手紧密合作，必将共同推动新质生产力的蓬勃发展。在政府的精准引导和强力支持下，企业将更加坚定地投身于创新的洪流之中，不断探索未知的科技边界，为社会创造更多的创新奇迹。这些创新成果不仅将推动企业加速迭代升级，更将引领整个行业乃至社会的伟大质变。